2023年度河南省高校人文社会科学一般项目"新发展桩究"（项目批准号：2024-ZDJH-005）；
2023年度河南省社会科学界联合会调研课题"新发展桩径研究"（项目编号：SKL-2023-300）；
2023年度郑州市社会科学调研课题"郑州市营商环境法□项编号：ZSLX20230338）。

经管文库·经济类

前沿·学术·经典

# 金融法基本原理与制度研究

## RESEARCH ON THE FUNDAMENTALS AND INSTITUTIONS OF FINANCIAL LAW

**裴久徵 著**

经济管理出版社
ECONOMY & MANAGEMENT PUBLISHING HOUSE

图书在版编目（CIP）数据

金融法基本原理与制度研究/裴久黴著 . —北京：经济管理出版社，2023. 9
ISBN 978-7-5096-9230-1

Ⅰ. ①金…　Ⅱ. ①裴…　Ⅲ. ①金融法—研究　Ⅳ. ①D912. 280. 4

中国国家版本馆 CIP 数据核字（2023）第 178358 号

组稿编辑：王　洋
责任编辑：王　洋
责任印制：黄章平
责任校对：蔡晓臻

出版发行：经济管理出版社
　　　　　（北京市海淀区北蜂窝 8 号中雅大厦 A 座 11 层　100038）
网　　址：www. E-mp. com. cn
电　　话：（010）51915602
印　　刷：唐山玺诚印务有限公司
经　　销：新华书店
开　　本：720mm×1000mm/16
印　　张：13. 5
字　　数：246 千字
版　　次：2023 年 9 月第 1 版　　2023 年 9 月第 1 次印刷
书　　号：ISBN 978-7-5096-9230-1
定　　价：98. 00 元

# 前　言

金融是现代经济的核心。随着我国经济、金融体制改革的深入发展，金融法制建设异军突起，金融法体系日臻完善，成为我国法律体系中重要和不可或缺的一环。金融法是调整金融关系的法律规范的总称。社会生活中金融关系广泛而又复杂，而且随着金融改革的深化、金融创新的出现，金融法内容也不断发展，这就决定了金融法的内容也十分庞大、多变。加上金融法的高度专业性、技术性特征，增加了金融法学科学习和掌握的难度。笔者期望通过本书，能对广大读者学习和领会金融法专业知识有所裨益。

本书共有七章。第一章作为全书开篇，首先对金融法进行概述，包括金融法的概念、金融体制与金融法的法律渊源。第二章介绍了银行法律制度，如中央银行法律制度、商业银行法律制度、银行业监管法律制度。在上述章节内容的基础上，第三章至第七章分别针对证券法律制度、保险法律制度、票据法律制度、金融担保法律制度、网络金融法律制度这几个层面的知识内容进行了全面、细致的分析。其中，第三章证券法律制度探讨了证券法概述、证券发行制度、证券交易制度。第四章保险法律制度涉及保险法概述、保险合同法律制度、保险业法。第五章票据法律制度包括票据法概述、汇票制度研究、本票与支票制度。第六章金融担保法律制度包括金融担保法概述、金融担保中的保证、金融担保中的抵押与质押。第七章网络金融法律制度包括网络金融法律制度概述、网络监管法律制度、电子支付法律制度。

本书具有较强的应用性和可操作性。在撰写过程中，笔者从实际情况出发，按照"理论—案例"的思路，做到了理论与实践的结合。同时，对金融法的相关理论体系进行了深层次的挖掘和探讨，语言表达清晰，观点明确，对于金融法律研究者、教育者而言不失为一本好的参考书。

　　笔者在撰写本书的过程中参考了大量关于金融法律的教材和资料，并引用了很多专家学者的观点，在此谨对他们表示衷心的感谢。书中所引用内容的参考文献已在书后一一列出，如有遗漏敬请谅解。在写作过程中，尽管笔者字斟句酌，力求完美，但难免存在疏漏之处，在此恳请专家同行及广大读者批评指正。

# 目　录

# 第一章

## 金融法概述

　　生产力的进步推动商品经济的产生与发展，而货币是商品经济的伴生物。随着商品经济的进一步发展，又产生了借贷和借贷中介机构，金融就随即出现。金融经历了由简单到复杂、由低级到高级的演变。时至今日，金融已经成为现代经济运转中最核心的领域。与之相对应，金融立法也已成为各国经济立法中的重中之重。改革开放以来，我国金融市场迅速完成了从简单到复杂、由低级到高级的发展，同时金融法也取得了重大的发展与进步。

# 第一节　金融法的概念

金融法是调整货币流通和信用活动中所发生的金融关系法律规范的总称。金融活动是通过银行等各类金融机构及客户来进行的，这些主体在从事金融活动的过程中，必然形成以银行为中心的各种经济关系，即金融关系。为了促进金融关系的正常开展，保证金融业的顺利发展，并充分发挥金融活动对国民经济发展的促进作用，国家制定了一系列调整金融关系的法律规范，这种凭借国家意志对金融关系进行规制的法律规范就是金融法。具体言之，金融法可作狭义与广义的区分。狭义的金融法仅指金融法律，即国家立法机关依照法定权限和程序制定或认可，并以国家强制力保障实施的，调整金融关系的规范性文件。在我国，金融法专指由全国人民代表大会及其常务委员会颁布的金融法律，这是金融执法与金融司法的基本依据。广义的金融法除包括狭义的金融法律外，还包括以授权立法方式制定的具体的操作性规范，如行政法规、部门规章、司法解释等。

金融法体系，即调整不同侧面的金融法律规范，按照不同属性分类组合，形成的一个相互连接、互相协调及有机统一的整体。由于金融法调整的金融关系复杂多样，各种类型金融法律的性质也呈现多样化的状态。因而，对于金融法体系的划分，一直以来都是学界经久不衰的讨论话题。

早在 20 世纪 80 年代，学界就存在有关金融法体系的争论。1995 年，"金融大立法"之后，学界关于金融法体系的争论更为激烈，虽然很多观点与之前的争论相比有一定的传承性，但对该问题的研究已日趋精细，认识也日渐成熟。根据"是否将金融监管法与金融调控法加以区分"这一标准，可以将现存观点分为两种：一种观点是对二者进行区分，将金融法体系划分为金融主体（组织）法、金融监管法、金融业务法；或者认为金融法包括金融调控法和金融交易（业务）法；抑或认为金融法包括金融主体法、金融客体法和金融业务管理法三大类，将金融业务法与金融监督管理法不加区分地纳入金融业务管理法的范畴。另一种观点则分析了金融监管法与金融调控法的差异，但在金融法体系的构成方面，也未形成定论。争论的焦点之一在于是否有必要将金融组织（主体）法作为自成独立的部分。例如，有一些学者认为，金融法体系由金融主体法、金融规制法、金融调控法、金融监管法构成；另一些学者则认为，金融法的体系由金融交易法、金融监管法、金融调控法三部分构成。

从具体法律制度入手探讨金融法体系的做法也是学界的一种较为普遍的研究路径，不过，这种路径的探讨仍然引发了大量的争议，主要表现在以下三个问题上的分歧：

第一，对有关国际金融法律制度能否纳入金融法体系产生分歧，一些学者支持包括国际条约与国际惯例在内的国际金融法律制度应该纳入金融法体系，而一些学者却反对这一做法。

第二，在外汇管理法、货币管理法的界定上，一些学者认为货币管理法体系包括人民币发行与管理法、外汇管理法、金银管理法，而有的学者直接把人民币管理法纳入中国人民银行法体系，却把外汇管理法和金银管理法作为与中国人民银行法体系并列的金融法体系的构成部分。

第三，在中央银行法的范围方面，有的学者将中央银行法律制度、货币政策、金融监督管理及法律责任、信贷管理法律制度、政策性银行法律制度等纳入中央银行法的范畴，而有的学者则将信贷法律制度、货币法律制度等剔除出中央银行法的体系。

## 第二节　金融体制

市场经济条件下的金融体制由四个体系组成，即金融调控体系、金融监管体系、金融机构组织体系与金融市场体系。

2018 年 3 月，第十三届全国人民代表大会第一次会议表决通过了关于国务院机构改革方案的决定，设立中国银行保险监督管理委员会。2023 年 3 月，中共中央、国务院印发了《党和国家机构改革方案》。在中国银行保险监督管理委员会基础上组建国家金融监督管理总局，不再保留中国银行保险监督管理委员会。5 月 18 日，国家金融监督管理总局正式揭牌。这意味着，中国银行保险监督管理委员会正式退出历史舞台。至此，中国金融监管体系从"一行两会"迈入"一行一总局一会"新格局。

## 一、金融调控体系

市场经济条件下，国家对经济的宏观调控主要是通过金融手段与财政手段来进行的。其中，金融手段的宏观调控即金融调控一般是授权中央银行来完成。1995 年通过的《中华人民共和国中国人民银行法》（以下简称《中国人民银行法》），第一次在法律上明确中国人民银行是我国的中央银行，承担金融调控与金融监管的职责。在宏观调控方面，中国人民银行垄断了货币发行权，是金融机构的最后贷款人，制定与执行货币政策，履行金融宏观调控之责。2003 年，经过较大修改的《中国人民银行法》将中国人民银行原来承担的日常金融监管职能大部分剥离。自此，中国人民银行主要执行金融宏观调控职能，其主要职责是调控货币总量，维持币值稳定。虽然其还承担如外汇市场管理、反洗钱等局部金融监管职能，但这些监管职能往往与货币总量控制即金融调控紧密相关。

## 二、金融监管体系

金融监管是指对金融市场主体与金融交易活动的监督和管理，其具有双重含义：一是指国家金融管理部门以及行业自律组织等对金融活动的外部监督管理；二是指金融机构对其业务活动的自我管理。金融监管一般是指金融的外部监管，特别是指官方监管，即国家金融监管部门依据金融法律法规、政策等，对金融市场主体及其经营活动进行领导、监督、稽核、组织和协调，以达到保护存款人的利益，维护金融市场秩序，促进金融市场发展的一系列的目标。1995 年以前，我国曾长时期地实行由中国人民银行负责的"单层单头"的金融监管模式。不过，随后开始向"单层多头"监管模式过渡。2003 年中国银监会成立以来，"一行三会"即中国人民银行、银监会、证监会以及保监会组成的官方金融监管体系正式形成。

### 三、金融机构组织体系

在市场经济条件下，按照现有"分业经营、分业管理"的原则，中国金融组织体系主要由银行类金融机构、证券类金融机构、保险类金融机构，以及非银行金融机构组成。各类金融机构中，又会细分成各种金融组织形式。例如，银行类金融机构具体包括政策性银行、大型商业银行、股份制商业银行、城市商业银行、农村商业银行、城市信用社、农村信用社、农村合作银行、村镇银行、邮政储蓄银行、外资独资银行、中外合资银行、外国银行分行等。

### 四、金融市场体系

作为国家金融体系的重要组成部分的金融市场，是金融活动产生的中介，是金融市场主体进行货币借贷、办理各种票据和有价证券买卖等金融活动的场所或领域。目前，我国金融市场主要包括货币市场、资本市场、外汇市场和黄金市场。比较活跃的主要有短期资金市场（包括同业拆借市场、企业短期融资券市场、大额可转让定期存单市场、票据承兑贴现市场等）、债券发行与交易市场、股票发行与交易市场。若进行简单的划分，短期资金市场属货币市场，债券和股票发行与交易市场属资本市场或证券市场。我国目前尚未完全开放外汇市场和黄金市场。金融市场的功能主要包括融通资金，调节资金供求；促进资金的积累；实现资金的有效配置；分散和转移资产，提高金融工具的流动性和安全性。此外，金融市场还兼备信号系统之功能，是国民经济以及世界经济的"晴雨表"，它直接或间接地反映了国民经济或世界经济的运行状况和趋势。

# 第三节　金融法的法律渊源

## 一、按照金融法律规范的层次对金融法的渊源的分类

按照金融法的渊源表现层次，可以分为国际层次的国际金融条约、国际金融惯例等，国内层次的宪法与基本法、特别法中涉及规范金融关系的条款、金融法律法规、部门规章、规范性文件等。

### （一）国际条约与国际惯例

我国参加或缔结的国际公约、多边条约、双边条约和协定，凡涉及有关金融活动的条约和协定，除我国作出保留的条款外，都是我国金融法的法律渊源，成为调整我国金融关系法律规范的组成部分，具有法律效力。我国加入和缔结的有关金融的国际条约主要有：《国际货币基金组织协定》（1945 年 12 月 27 日）、《国际复兴开发银行协定》（1945 年 12 月 17 日）、《国际复兴开发银行协定附则》（1980 年 9 月 26 日）、《国际金融公司协定》（根据 1961 年 9 月 21 日和 1965 年 9 月 1 日生效的决议修订）、《国际金融公司协定附则》（1980 年 2 月 28 日）、《国际复兴开发银行贷款和国际开发协会信贷采购指南》（1985 年 5 月）；国际双边支付协定和贸易支付协定、贷款协定，这些协定大都涉及国际双边贸易支付、结算方式、手段、计算方法等内容；国际双边投资保护协定与国际双边税收协定等，这些协定涉及外汇管制、资本返还、利润转移、银行开户、投资保险等金融活动的规定；世界贸易组织的有关协定，这些协定涉及金融市场的开放、政府对市场的干预方式、金融调控与监管的手段、金融机构的国民待遇等。

国际惯例是在国际经济交往中逐渐形成，为国际社会广泛接受并予以认可的，一经双方确认就具有法律拘束力的习惯性规范。许多国际惯例都是经过长期的反复使用，形成相对稳定的文字性内容，因此一经援

引，便对当事人产生法律拘束力。一些国际惯例已经被政府间国际组织或民间组织制定为统一化规则，如国际商会的《商业单据托收统一规则》《商业跟单信用证统一惯例》、世界银行的《贷款协定和担保协定通则》和《合同担保统一规则》等。

（二）国内渊源

金融法的国内渊源具体包括：

第一，根本法。宪法是一个国家的根本大法。我国《宪法》规定的政治、经济、社会制度，是金融立法的基础。

第二，基本法，即由国家最高权力机关——全国人民代表大会制定的法律规范，包括《民法典》《物权法》《民事诉讼法》《刑法》《刑事诉讼法》《合同法》等，是调整社会关系的基本法律制度。它们与金融领域的专门立法的关系是一般法与特别法的关系。

第三，专门法，即指国家最高权力机关全国人民代表大会及其常务委员会制定的有关金融的专门立法，如《中国人民银行法》《商业银行法》《证券法》《信托法》《保险法》等。金融活动非常广泛，在金融活动中形成的社会关系极其复杂，因此不可能制定一部统一的金融法典，只能采取单行立法的形式，由各单行的专门法构成一个完整的金融法体系。

第四，行政法规、部门规章和地方性法规，即由国务院、国务院各职能管理部门、中国人民银行、国务院金融监督管理部门，以及具有地方立法权的各地方权力机关，以"条例""规定""决定""通知""实施办法"等形式制定的具有不同效力的法律规范。

## 二、按照金融法律规范的内容对金融法渊源的分类

不同的金融法律规范调整着不同的金融关系，按照金融关系的内容，它们分属于银行、货币管理、支付结算、信托、期货、保险、证券以及涉外金融等诸多领域。按照内容划分，金融法的渊源至少包括以下八个方面：

（1）银行法。银行法是金融法的核心，狭义的金融法指的是银行法。具体地讲，银行法包括中央银行法、商业银行法、政策性银行法以及非

银行金融机构管理法等。

（2）货币管理法，指法定货币的发行与管理，以及规范外汇市场与黄金市场的法律规范，在我国主要包括人民币发行与管理法、外汇管理法、金银管理法等。

（3）支付结算制度与票据法，指调整银行结算与票据关系的法律规范。

（4）信托法，指调整金融信托关系的法律规范，主要内容包括：信托机构设立的条件、信托机构的法律地位、信托业务规范、信托合同制度等。

（5）期货法，指调整期货市场与期货交易行为的法律规范。

（6）保险法，指调整保险关系的法律规范。

（7）证券法，指调整证券机构、证券发行与交易活动等金融关系的法律规范，包括对证券投资基金的调整。

（8）涉外金融法，指调整具有涉外金融关系的法律规范。

当货币的币值可以与贵金属的价值挂钩时，该货币制度可以被称为"可兑现信用货币制度"。但是随着经济规模与市场交易日益膨胀，贵金属的储存量已明显不足，加之国家信用的发展以及银行信用的完善，国家与银行逐渐开始发行不可兑现的货币，由此进入"不可兑现信用货币制度"时代。之所以发行"不可兑现信用货币"代替"可兑现信用货币"，是因为存在以下两个现实因素：

一是随着各国经济的发展以及经济规模的扩张，尤其是"第二次世界大战"后各国与世界经济的迅猛发展，货币的需求量大增，无论是国家还是被授权的银行，都不可能有足够的贵金属满足这种货币兑换的需要。

二是国家与被授权银行在发行可兑现的信用货币时逐渐发现，即使没有足够的金属维持，人们也会相信并使用该货币，即"不可兑现的信用货币"能够与"可兑现的信用货币"一样自由流通。当然，"可兑现的信用货币"能够流通是建立在人们对国家或被授权银行的信任的基础上，后者也不能随便滥用这种"信用"，一旦滥用致使货币超发就会引起通货膨胀，从而使人们对货币的"信用"失去信心，转而储存其他抗通胀的物品。

# 第 二 章

## 银行法律制度

银行业是现代经济体系有效运行的核心之一，对于商品流通、商品交换来说都具有极为重要的意义。货币的发行、流通和回收，存款的吸收、提取，贷款的发放与收回，国内外汇兑往来等都和银行有密切的关系。

# 第一节　中央银行法律制度

## 一、中国人民银行概述

《中国人民银行法》第 2 条明确规定："中国人民银行是中华人民共和国的中央银行。中国人民银行在国务院领导下，制定和执行货币政策，防范和化解金融风险，维护金融稳定。"《中国人民银行法》第 5 章专门规定了对金融市场实施宏观调控，对金融机构以及其他单位和个人的监督管理权。这些规定不仅明确了中国人民银行作为制定和执行货币政策，履行对金融进行监督管理的国家宏观调控部门的主要性质，而且确立了中国人民银行的中央银行法律地位，为其行使中央银行的各项职权提供了法律依据。

中国人民银行作为政府的综合经济管理的职能部门，又与一般政府机关不同。中国人民银行不仅是银行，而且是我国发行货币的银行，是带有政府性质的银行。同时，中国人民银行作为中央银行的特殊法律地位，决定了它制定、执行货币政策的独立性，履行职责、开展业务的独立性。

## 二、中国人民银行的货币政策工具

### （一）存款准备金

在法定存款准备金制度中，存款准备金率居于核心地位。存款准备金率就是金融机构向中央银行缴存的准备金占其存款总额的比率。存款准备金率越高，金融机构派生存款的能力就越小；反之，金融机构派生存款的能力就越大。因此，合理地确定和调整存款准备金率，使金融机构的存款准备金占其存款总额的比例保持在适当的水平上，是法定存款准备金制度充分发挥作用的关键。

（二）再贴现

再贴现影响货币供应量的原理是：当中央银行需要收紧银根、抑制经济过快增长时，就提高再贴现率，提高商业银行向中央银行融资的成本，从而促使商业银行调高企业贷款利率，并带动整个市场利率的上涨，这样借款人就会减少，从而达到抑制信贷需求、减少货币供给的目的；反之，当中央银行需要放松银根、刺激经济增长时就降低再贴现率，从而增加货币供给。

（三）基准利率

通常来说，整个利率体系包括法定利率、基准利率、浮动利率、优惠利率、差别利率和加息利率等。基准利率是在利率体系中起主导作用的基础利率，在正常情况下，它总是处于整个利率体系中的最低水平，它的水平和变化决定着其他各种利率的水平和变化。例如，中央银行通过提高基准利率中的贷款利率可以抑制金融机构向中央银行贷款，从而限制信贷规模的扩大，减少货币供应量；反之，降低贷款利率，则可以扩大信贷规模，增加货币供应量。

# 第二节　商业银行法律制度

## 一、商业银行法的概念

商业银行是指依照商业银行法和公司法设立的吸收公众存款、发放贷款、办理结算等业务的企业法人。商业银行法是规范商业银行的法人资格、业务范围、经营原则，银行的设立、变更和终止，清算和解散的条件、程序，银行业务的监督和管理及银行的法律责任的法律规范。

## 二、商业银行的设立条件

商业银行的设立要比普通法人公司的设立要求更加严格。依据我国相关法律的规定，商业银行的设立应符合以下五个条件：

（1）具有符合相关法律规定要求的章程。

（2）拥有商业银行法限制的最低注册资本限额。不同的商业银行所需要的最低注册资本各不相同，根据我国商业银行法的有关规定，国家性质的商业银行的最低注册资本为10亿元，地区性质的商业银行的最低注册资本为1亿元，农村商业银行的最低注册资本为5000万元。

（3）具有相应知识的董事与高级管理人员。

（4）拥有健全的组织机构和制定严格的管理制度。

（5）具有固定的营业场所，并且营业场所的安全措施达到了国家所规定的标准。

## 三、商业银行的业务管理

（一）存款业务管理

商业银行向个人以及企事业单位提供存款服务时，应按照中国人民银行的规定施行，确定存款利率结构，并在营业厅的明显位置进行公告。在个人和企事业单位存款到期时，商业银行应及时支付存款本金与利息。除特殊情况外，商业银行不能随意处理任何单位或者个人的存款，并保障存款安全。

（二）贷款业务管理

依据社会经济发展的需要以及相关管理机构的指导，商业银行应向社会发展贷款业务。依据中国人民银行的贷款指导文件，商业银行确定自身贷款利率结构，并严格相应贷款制度。为保证贷款还款，商业银行应严格审查借款人的用途与偿还能力，依据不同的情况要求借款人提供担保，并对保证人的偿还能力抵押和质押的物品价值进行严格审查。在审查确认符合贷款条件以后，再决定是否发放贷款。若发放贷款，商业银行需与借款人签订书面合同，应约定贷款类型、用途、金额、利率、期限、还款方式、违约责任和双方应确定的其他事项。

商业银行可以发放的贷款有严格的要求。依据我国相关法律对商业银行贷款的规定，商业银行的资本充足率不得低于 8%；贷款余额与存款余额的比例不得超过 3/4；流动性资产余额与流动性负债余额的比例不得低于 25%；对同一借款人的贷款余额与商业银行的资本余额比例不得超过 10%；遵守国家金融监督管理总局的其他贷款规定。

商业银行不得向专业管理人员的近亲属及其他有利益关系的人员或者单位发放信用贷款，担保贷款条件不得优于其他同类借款人的条件。

借款人应按照约定按期归还贷款本金与利息。贷款逾期或者存在其他不良贷款现象商业银行应按照贷款约定合同行使相应权利，如出现障碍，商业银行应及时起诉至法院。

（三）其他业务管理

我国《商业银行法》规定我国商业银行不得从事信托与证券经营业务，不得以任何名义从事自用不动产或者其他非银行类金融机构与企业投资，国家另有规定的除外。发行债券或者境外借款，应当符合相应法律和行政法规的比准。

商业银行票据业务应依照相应规定期限兑现，不得进行违反规定的操作。商业银行表外义务也应当以公平信用为基本准则开展，不得随意修改相应规章制度。

**四、法律责任**

（一）损害存款人或其他客户利益的法律责任

有下列情形之一的，商业银行应当承担对客户造成经济损失的民事责任，并进行履约赔偿：

（1）因不正当理由或者无故拖延支付存款本金与利息的。

（2）违反票据承兑以及其他结算业务规定，不予入账，压单、压票或者其他违反退票规定的。

（3）非法对存款账户进行操作的。

（4）违反相关法律规定对客户造成实际损害的其他行为。

商业银行存在上述行为的应由银保监会进行监督、管理、改正，存在违法所得的，应没收违法所得，并依据相应标准进行处罚。

（二）非法从事金融业务，违规操作业务的法律责任

我国商业银行在没有特殊规定的情况下不得从事金融业务，若被发现将面临没收违法所得并进行相应罚款的处罚。我国法律对存款机构的限制非常严格，根本目的是保障存款人的利益。一旦因为从事金融业务而陷入破产边缘，首先威胁的将是存款人的利益，其次则是对整个国民经济体系造成威胁。

（三）违反金融监管的法律责任

国家金融监督管理总局是对银行业进行监管的专门机构，其目的是保障银行业的安全有效运行。商业银行应按照国家金融监督管理总局的要求从事自己的生产经营活动。商业银行有下列情形之一的，银行业监督管理委员会有权对其进行 20 万元以上 50 万元以下罚款、吊销许可证以及其他不同程度的处罚：

（1）拒绝国家金融监督管理总局检查或者给它造成障碍的。

（2）提供虚假财务会计报告，或者隐瞒重大事项的。

（3）未遵守国家金融监督管理总局关于资本充足率、存贷比率、资产流动性比率、重大借款人贷款比率以及其他指标要求的。

（4）未按照中国人民银行规定缴存存款准备金的。

# 第三节　银行业监管法律制度

## 一、银行业监管

　　银行监管，是指一个地区或者国家的货币当局或者中央银行依据法律或通过各种行政手段，及时收集、整理和分析各类信息，对银行的资本和市场运营进行全方位管理，以维护金融市场的正常经营秩序、防范金融危机和金融风险，并对银行领域进行全方位、系统性的常规督查，以确保其运营依法合规、安全稳健，进而促进金融机构的健康发展。银行监管其实是由银行监督和银行规制两次合并而来。银行监督确保银行经营活动的稳健经营，银行规制用来明确银行按照法律法规合法经营。银行监管的概念，从理论上可以区分为狭义和广义两种。狭义角度指政府有关部门作为单一监管主体，对商业银行进行的监管；广义角度的监管则在此基础上还包括商业银行内部的自我监管，以及第三方组织和社会层面的有关团体对其进行的监管等。

　　一是关于商业银行市场进入环节的监管，也称准入监管。监管部门依据法律法规对商业银行进入市场的资格及其经营能力进行全面审核，这样可以在很大程度上减少由于信息的不对称所造成的危害，提高市场的安全性能。

　　二是关于商业银行业务运营内容的监管。这部分实际上是对商业银行日常的经营行为进行相应监督，掌握商业银行的资本构成比例、资产质量状况、盈利能力、经营范围、收费标准及业务开展情况等，防止不按照规章制度经营。在这一阶段的管理中，运营监管更加重要。

　　三是关于商业银行市场退出环节的监管。对经营管理存在较大问题、发生信用危机、发生支付结算危机、面临倒闭或破产的银行，监管机构立即采取措施，对问题银行进行治理、监管、兼并、清算或者破产处理。

## 二、银行业监管的理论基础

### （一）公共利益理论

公共利益理论于 1971 年由美国经济学家施蒂格勒首次提出，他认为在经济社会中，市场失灵本身无法避免，如自然垄断、外部效应、信息不对称、公共物品的存在等问题，之所以需要政府部门提供有效监管，是由于公共管理部门的职能使其能够及时采取相应措施，应对市场不工作或者市场效率低下等问题，以避免潜在福利的流失，发掘更多经济增长机遇。当前诸多事件表明，银行内部从业者可能利用内部信息谋取私利或者运用不正规手段吸引客户，这样的行为都会破坏市场的有序竞争和良性发展。所以，政府监管手段的运用是规避和矫正市场失灵的有效方法，其监管有利于促进市场要素的生产积极性，进而提升市场运行效率。同样，银行监管也是政府监管的一部分，银行监管对市场失灵的有效防范和及时矫正，有力助推了整个银行体系建设的稳健发展，确保最大化地实现公共利益。公共利益理论能很好地解释银行监管存在的必要性：一是银行监管部门为了金融市场的稳定，提升以商业银行为核心的金融机构运行效率，维护广大群众合法利益；二是银行监管部门从公众利益出发，防控金融风险的出现，维护消费者利益，避免公众利益造成受损。

### （二）金融脆弱假说

金融脆弱假说由美国经济学家海曼·P.明斯基首先提出，据该理论推断，货币自其诞生起其本身就存在脆弱性的特质，因为一旦市场上商品的价格与其本身的价值相背离，由货币的购买力立刻产生相应变化，同时货币的支付手段和支付方式也都存在引发债务链和支付链溃裂的情况，由此说明，货币具有与生俱来的脆弱性。在金融体系中，银行承担着其整体架构的中介机构角色，它创造信用，赋予存款人和借款人不同的性质特征，由此为整个体系带来不稳定性。在当前市场经济背景下，若追求金融系统的稳定发展，不能仅依靠银行内部的自我调节，更不能仅寄希望于市场自发调节，而是需要有效的外部监管，其中政府监管就是重要渠道之一，这样才能顺利实现银行体系在全面监管之下的稳定运行和健康发展。

商业银行脆弱性的来源基于两个方面：一是银行的高负债率。与其他单位相比，银行更加依赖社会外部资金，负债比率更高。根据 2013 年巴塞尔委员会提出的规定，商业银行的杠杆率仅为 3%，这说明银行的杠杆倍数在 30 倍以上。二是银行业支付危机容易传染。商业银行是典型的中介机构，其基本功能是帮助企业和个人融通资金。由于银行具有高杠杆性，资产多数发放到流动性不强的贷款，因此，会导致存款人、银行、贷款人的信息不对称，导致公众预期的不确定，再加上银行间同业拆借以及支付系统，使它们的财务账户往来和系统紧密连接，使银行之间支付交叉影响。当其中一家银行或者某些银行遇到较大兑付危机，银行的债权人就会对银行失去了信任，他们就会到这家银行提取存款。由于银行的经营失败，涉及的利益者太多，具有较高的传染性，容易引起恐慌和挤兑，导致一连串支付危机，最终银行破产，公众利益可能会受损。

（三）协同理论

协同理论也称"协同学"，是系统科学的一个分支理论，于 1971 年由德国著名物理学家哈肯首次提出。该理论认为，每一个系统都独具特色，其内容和属性也是千差万别的，但在整体环境中的关系却是相互联结、相互影响、相互合作的。系统有序性的关键是系统内部各个子集相互关联、相互作用、相互协调，而协调程度正是这种协同作用的度量。协调是子系统间的和谐一致，这种和谐的程度就是和谐度。在这种协同的关系中也包括很多社会关系和社会现象，如为实现某一政策目标而在不同单位、不同部门间形成的协调与配合，或者为达成某一经济目标而在不同企业间形成的联合与竞争，这些不同系统中各要素之间的支持协作和影响制约都是协同学研究的内容。

在金融监管领域依法实施监管时应采取多层次多形式的配合，组建一个有效的监管机构，通过合理调配资源促使金融系统发展成为产生有序结构的协同系统，由此依靠系统内各个子集之间的协同管理、协同配合来防范整个金融监管的系统性风险。

### 三、我国银行业监管的发展概况

我国银行业监管发展历程可以分为以下四个阶段：

#### （一）萌芽阶段（1948—1977 年）

这个阶段为新中国成立初期，当时我国的经济体制为计划经济，财政和金融为一体，中国人民银行既行使金融货币政策，又为计划经济提供金融支持。在这个时期，全国范围内只有人民银行一家银行。

人民银行于 1948 年 12 月 1 日成立，于 1949 年从石家庄迁到北京，央行雏形正式形成，并于同年 9 月，我国将人民银行纳入国务院直属单位，由国务院直接管理，在金融和货币政策执行上与财政部密切联系，承担发行货币、打理国库、稳定金融市场等重任。在国务院的正确领导下，1952 年，基本终止了国民政府遗留的长达 20 年的恶性通货膨胀，国民政府不良的货币体系正式退出，我国经济逐渐复苏并走向正轨。同年，国家信用代替了民间的商业信用，随后几年，国家清理了国营工业和国有企业间的贷款业务，一切资金往来必须在银行办理。经过短期的市场运行，国有五大银行也在这个背景下成立，但当时的国有五大行并不是真正意义上的商业银行，它们还行使部分财政职能。

这一阶段，由于金融处于萌芽时期，人民银行基本履行了央行和商行的双重职能和责任，而且当时的业务大多局限在财政系统内，并未真正意义上延伸到银行系统。这一时期，商业银行还未形成，城市商业银行更没有产生和发展。

#### （二）初步发展阶段（1978—1985 年）

该阶段处于改革开放初期，为适应当时经济的发展，财政和金融逐步分家，中央银行和商业银行在行使职能上也逐渐分开，央行更多的是承担货币政策的制定和执行，在宏观调控方面发挥不可取代的作用，为后来银行发展模式打下了基础。1978 年，中国人民银行从财政部真正意义上独立出来，金融财政初步分家。从 1979 年开始，商业银行陆续职能分离，中国工商银行、中国农业银行、中国银行、中国建设银行先后恢复、独立和设立。

1984 年，中国人民银行的商业银行职能完全剥离，业务上直接管理四大行，不再和企业直接对接，我国银行业从此开始了以中国人民银行为核心，四大国有商业银行为主体的银行发展和监管格局。中国人民银行开始行使中央银行职能，扮演着混业监管者的角色，除监管银行职能外，还承担着保险、证券、信托等整个金融行业的监督管理。

随着我国经济体制的不断深化改革和快速发展，民间除银行之外的金融机构和融资途径也随之而来，在多途径融资的基础上，监管范围也随之加大，人民银行也不断调整机制，促进金融制度创新和监管的多元化。运用多渠道、多手段的调控机制和手段维护金融稳定。利用贷款管理、利率上浮和下调变动、存款准备金率的调整、国库券的发行等手段控制货币供给，以达到宏观调控和金融稳定。这个阶段处于改革初期，也是我国银行业初步发展人民银行的监管除了宏观调控职能外同时还兼顾着微观的金融行业监管职责。

（三）商业银行体系形成阶段（1986—2007 年）

这个时期是改革开放快速发展阶段，经济的发展促进银行模式和业务逐步完善，为顺应银行业务的发展，银行业的监管模式由混业监管逐步走向分业监管。早在 1953 年通过的《中华人民共和国商业银行法》中，以保护存款人和其他银行客户的合法权益为目的，规范商业银行经营，提高银行资产质量，通过监管约束，能有效地保证商业银行有序经营，尽可能降低经营风险，维持一方金融秩序的稳定，从而使市场经济能按照国家既定目标平稳发展。

分业监管模式初步形成框架。1997 年 7 月，亚洲金融危机爆发，政府领导层面意识到了银行的脆弱性和整个金融体系风险的严重性，必须有一个专业的专门的机构来防范和化解金融风险，当下这一粗放式的分业监管模式已经不能满足当前的发展需要，想要有效监管，改进迫不及待。为了彻底解决金融业当下存在的问题，中央召开的工作会议决定采用分业监管模式，更有针对性地对金融业实施监管，新的证监会正式成立，由中国证监会和国务院证券委合并而来，该部门专门监管证券行业。同时成立中国保险监督管理委员会，该部门专门负责对保险行业的监管。从而减轻了央行的负担，中国人民银行更专注于对银行业和信托业的监管。

为了更好地化解四大国有商业银行的不良资产，提高运行效率，1999 年，由财政部出资，组建成立了信达、东方、长城和华融四大资产管理公司，分别一一对应消化工、农、中、建四大行在开展业务过程中产生的不良资产。应对金融市场的发展和监管的需要，减轻中央银行的监管负担，中国银行业监督管理委员会于 2003 年正式成立，负责对银行业、资产管理公司和信托公司的监管。彻底把人民银行从金融监管中解放出来，使其更专注于研究制定我国货币政策和维持稳定经济的发展等宏观调控职能。标志着中国人民银行的职能更加精准和专业，意味着我国在应对银行监管方面分工更加精细，监管更加专业。从此，我国金融监管正式迈入"一行三会"的监管时代，同时，为我国金融业的稳定与繁荣发展奠定了坚实的基础。

随着社会不断发展，经济规模不断扩大，经济结构也发生了重大变化。国有企业、股份制企业和私营企业等社会主体及个人的金融需求都在逐渐地丰富着，目前的银行体系已经无法满足人民日益旺盛的金融需求，从 1986 年开始，开始扩大银行规模，陆续成立了多家股份制银行，打破了四大国有银行经营垄断的市场局面。

（四）改革深化阶段（2008 年至今）

2008 年开始，为了应对全球金融危机，人民银行和银监会提出增加政府投资项目的融资渠道，支持各地方政府组建投融资平台，由此地方多家融资平台相继成立。随着业务的开展，监管部门逐渐意识到融资平台潜在的风险，开始对平台实施名单制管理，将融资平台贷款分类处置。

伴随银行业的发展，我国监管逐渐同国际监管标准接轨，结合新《巴塞尔协议》，2013 年 1 月 1 日起，我国《商业银行资本管理办法（试行）》正式实施。随着金融产品不断创新和衍生，由此滋生出不少金融乱象和风险，为应对有可能发生的金融风险，2017 年第五次全国金融工作会议强化综合监管，突出功能监管和行为监管，解决目前分业监管带来的监管不足的问题。为了彻底解决当前银行业面临或者存在的问题，国务院于 2018 年正式组建中国银行保险监督管理委员会，由原来的银监会和保监会合并而来，承担着依法监督管理银行业和保险业的全部责任。2023 年 3 月，中共中央、国务院印发了《党和国家机构改革方案》。在中国银行保险监督管理委员会基础上组建国家金融监督管理总局，不再保留中国银行保险监督管理委员会。5 月 18 日，国家金融监督管理总局正式揭牌。这意味着，银保监会正式退出历史舞台。至此，中国金融监管体系从"一行两会"迈入"一行一总局一会"新格局。

纵观银行监管历程，不论是在计划经济时期还是在改革开放经济快速发展时期，政府都采用了相应的监管模式应对银行的经营和发展，以求适应时代背景，适应经济背景下银行的发展。

现在看来，当时的监管模式虽符合时代性，同时也能起到稳定金融秩序，促进经济发展的作用，但也能反映出监管制度变革的滞后性，变革速度赶不上金融行业的发展，因为过去的中国经济发展水平相对落后，落后的经济发展水平造就了落后的金融发展水平，也就约束了金融监管的水平。当前，我国社会经济发展速度较之前有增无减，随着科技的发展与进步，商业银行的业务也日趋增多且更加复杂，商业银行的风险还将会继续蔓延，当前的监管体系仍需不断摸索、深化和完善。

# 第三章

## 证券法律制度

证券法律制度是对证券活动中有关当事人之间发生的证券关系进行调整的一部重要法律。当前，我国的证券市场前景斐然，证券法律制度也得到了重大进展。证券法律制度的建设，尤其是《中华人民共和国证券法》的出台，有助于规范证券行为，对投资者、债权人的权益进行保护，防止证券市场的风险发生，从而促进社会秩序的稳定，保证社会的公共利益。本章将对证券法律制度相关内容展开分析。

# 第一节 证券法概述

一部法律的总则，通常是对这部法律中主要的、共同的问题作出若干规定，这些规定涵盖面广，概括性强。《中华人民共和国证券法》（以下简称《证券法》）的总则也是这种情况，它对一些带有共性的问题作出了基本规定。要了解《证券法》，就应先从这部法律的总则开始。

《证券法》的立法目的即为什么要制定这部法律，它如何发挥作用，产生怎样的效果。这个立法目的并不仅仅是在制定法律时的主观愿望，而是用概括性的文字进行表现，对整部法律起着指导的作用。《证券法》的立法目的体现在以下两个方面：

## 一、保护投资者的合法权益

在证券市场上，投资者是资金的提供者，他们将自己的资金投入到认购股票、购买债券等投资项目中，所付出的是自己拥有的货币使用权，可以说是实实在在的资金；同时能得到的则是一种权益凭证，也就是记载一定金额的表示股权或债权的证书。在这种情况下，投资者面临的风险是很大的，他们的权益也是最容易受到侵害的，而且他们又身处证券市场投资主体的地位，关系到证券市场存在和发展的前提，因此，在制定《证券法》确立证券市场活动基本规则时，将保护投资者的合法权益作为重要的立法目的，也是在整部法律中起指导作用的原则。

《证券法》中所要保护的投资者，一般来说就是证券市场投资主体的四个部分：一是个人投资者，指以个人身份用个人所积累的资金进行投资；二是法人投资者，指以法人的名义进行投资，法人分为几种，如企业法人、事业法人、社团法人等，只要具有法人资格，以法人财产作为资金来源，用法人名义进行投资的，皆可称为法人投资者；三是政府机构，指通常所说的政府授权投资的部门或者授权投资的机构，它们都是代表政府以国有资产进行投资的；四是非法人的组织，这是指没有取得法人资格的一些团体组织以自己的资金进行投资。在《证券法》中，对这四部分投资者不区分它们的组织形式和所有制，都一概予以保护，因为它们最大的共同点都是投资者。

保护证券投资者合法权益，主要是保护投资者的安全，使其投资不受非法的侵害；依法获取收益，因为这是投资者的合法利益资本增值目标的实现，也就是鼓励合法的取得与扩大经营成果，维护证券的依法流通，保障公平的交易条件，防止和制裁对投资者的欺诈行为。

对于投资者合法权益的保护，并不是意味着对其他当事人的权益不保护，或者不加重视，而是同样地要受到法律的保护，凡是证券市场上的参与者，都必须依法受到保护。在理解法律时，不应采取反推的办法得出结论，如对投资者的合法权益要保护，并不能反过来推导出对证券市场上的其他当事人的合法权益不予保护的结论。这种结论显然是不对的，《证券法》对所有当事人的合法权益是一律加以保护的，法律面前人人平等，并不偏袒某一方，而是对易受侵害的方面加以强调，目的是都要受到保护。

## 二、维护社会经济秩序和社会公共利益

证券市场是社会主义市场经济的重要组成部分，它与社会经济活动有密切的联系，与工业、农业、商业、交通运输、科学技术、金融投资、基础设施、支柱产业等许多方面的公司或其他形式的经济组织联系在一起，也可以说，一大批公司及其他经济组织在资本市场上进行融资活动，它们通过发行证券和证券的交易，在社会上形成了广泛的影响，有了一系列的经济联系，因而，证券市场的筹资、投资行为是否规范，秩序是否良好，就会涉及社会经济秩序，同时也会涉及社会公共利益。

因为投资者人数众多，而购买债券尤其是政府债券的人就更多了，每一种证券都与一批社会公众的利益相联结，有的人数极为众多，影响很广泛，并可以预料到随着市场经济的发展，证券市场与社会经济生活的联系将更为紧密。因此，《证券法》在规范证券市场的秩序同时，其立法目的也正是维护社会经济秩序与社会公共利益。

反过来说，就是在证券市场上确立了良好的市场秩序，将证券活动纳入法制的轨道，将是维护社会经济秩序和社会公共利益的一个很重要的条件，或者是一项重要的基础工作，所以《证券法》将此作为立法目的之一。

# 第二节　证券发行制度

证券发行是发行人在证券市场上公开募集股份或者公司债券的行为，或者说是发行人按照法定的条件与法定的程序销售股票或者公司债券、筹集资金的活动，这种活动的一般规则在《证券法》中作出了规定。

## 一、证券必须依法发行

发行证券，是筹资者向投资者募集资金的活动，它是涉及双方权利义务关系的法律行为，必须依法进行，因此，在《证券法》的第10条中规定，公开发行证券必须符合法律、行政法规规定的条件，依法报经国务院证券监督管理机构或者国务院授权的部门核准或者审批，未经依法核准或者审批的，任何单位和个人不得向社会公开发行证券。这项法律规定表明了两项重要内容：一是公开发行证券必须符合法定的条件；二是公开发行证券需经依法核准或者审批。这是依法发行证券的两个基本环节，凡是涉及要公开发行证券的单位或者个人以至于广大投资者，都应当准确地了解《证券法》这项规定的含义，明白如何去做或者是如何去考察依法发行。因此，应当了解如下三点：

一是《证券法》规定，仅限于是对公开发行证券的要求，也就是只适用于公开发行的证券的那一部分；至于非公开发行的证券，并不是可以离开法律的轨道自行其是，而是同样要依法发行，所不同的是由其他的法律进行调整。因为在市场经济中，不同的社会经济关系可能需要由多部法律进行调整，尤其是比较复杂的经济现象很难都在一部法律中作出规定，学法、用法的人应当掌握这个特点。

二是公开发行证券，必须符合法律、行政法规规定的条件。这是指要按照法定的条件去公开发行证券，而这个法定的条件由于证券品种的不同，有不同的发行主体、不同的法律关系、不同的审核准许或批准的层次权限、不同的运作要求等，而在不同的法律或者行政法规中作出规定，成为公开发行证券的法律根据。在《证券法》中之所以作出这方面的规定，就是重申公开发行证券，要遵守这些法律、行政法规的规定，并且又强调了证券中公开发行的，要尊重这些法律、行政法规中所规定的条件。具体来说，有三种情况：第一种情况是股票、公司债券发行的条件由《中华人民共和国公司法》（以下简称《公司法》）作出了规定；第二种情况是有一些有价证券的发行由行政法规作出规定，如证券投资基金券等；第三种情况是有些证券品种由新制定的法律、行政法规作出规定，执行这些新的规定。

三是依法核准或者审批后才能公开发行证券。

总之，《证券法》重申了公开发行证券要符合法定条件和依法审查核准这些要求，有利于执行法律和法律之间的衔接，规范证券的发行。

### 二、证券发行的申请

公开发行证券，在我国的现阶段是实行核准或审批制度的，因此在《证券法》和其他有关法律、行政法规中作出了一系列的规定，下面对申请人和申请文件分别进行介绍。

（一）申请人

公开发行证券要提出申请，对于申请，顾名思义就是申报要公开发行证券的事项，请求予以核准或审批。申请应当由谁提出？《证券法》规定是发行人提出的，这时提出申请的发行人也可以称作申请人。因为发行人是公开发行证券的主体，不仅筹办所发行证券的事务，而且更为重要的是发行人为所发行证券的权利与义务的承担者，应当由其提出申请，为申请的事项在两个方面承担责任：其一是为申请的事项也就是所申请的内容，对核准或者审批的机构负责，由于这些机构都是代表国家行使管理权力的，也就是发行人为所申请的事项对国家负责；其二是发行人提出申请就意味着要为所申请的事项对社会公众负责，因为这种公开发行证券的申请是面向社会公众的，公众要根据这种申请的内容来考虑自己的投资，作出抉择，所以这种申请是关系到社会公众利益的行为。至于有些人说，公开发行证券的申请仅是上报的，与社会公众没有关系，这种说法是一种遁词，因为这种申请完全是针对社会公众而提出的，并不是上报之后就停止了，而是为了在申请获准后，向社会公众进行募集资金的活动。所以，发行人提出申请是一种法律行为，对其申请承担责任也是一种不可推卸责任的法律行为。

（二）申请文件

发行人提出发行证券的申请，要随之提交申请文件，申请文件的内容即所需记载的事项与所申请发行的证券种类有关，也就是取决于所发行证券的法定条件。不同种类的证券会有不同的法定条件，它由各个有关的法律作出规定，如股票、公司债券的发行，就是由《公司法》规定其发行条件。

申请文件的内容由法律规定，与内容相应的文件格式则由有关的核准机构或者审批部门确定，这样可以保持统一，提高效率。

对于申请文件的内容，在《证券法》中有一项非常重要的要求，就是必须真实、准确、完整。这项要求在《公司法》中也有相应的规定，《证券法》作出重申说明了对这些要求的重视，也是由于在发行证券的申请中，出现了过度包装、虚假陈述、瞒骗审批机关、误导公众等情况，干扰了证券市场的发行秩序，使一些质量不高的甚至不合格的证券混入市场，误导或者欺骗了投资者，大大增加了投资者的风险，造成恶果。所以从发行人申请发行证券开始，就严格要求所提交申请内容必须是真实无虚假，准确、完整，以保证投资者依据真实的情况与完整的事实，做出自己的判断。确立了对申请文件内容的基本要求，也是保护了投资者的基本权利，只要投资者发现发行人申请文件有虚假内容，以片面陈述掩盖事实的全貌，就可以提出异议，追究发行人的责任。

【案例分析】

某有限公司现有净资产额2900万元。为了扩大生产规模，计划向社会发行企业债券1500万元。公司工作人员按照董事长的要求，准备了有关文件，并请公司的法律顾问进行审查。假设你作为该公司的法律顾问，受托对该公司发行债券前的工作进行审查：

（1）该公司为发行债券准备好的送批文件有：公司章程、公司董事会名单、公司登记证明、公司资产评估和验资报告、公司近三年经营状况分析报告、公司债券募集办法。依照我国《公司法》的规定，请协助天元公司选择准备必须送批的文件。

（2）董事长问公司经理："公司债券票面上要载明哪些内容，还需要我签字吗？"经理回答："我问过一个朋友，他们公司发行债券时，债券上主要写了：公司的住所、公司债券发行的日期和编号、还本期限和方式、公司的印记和法定代表人的签章、审批机关批准发行的文号和日期。"作为公司的法律顾问，请根据有关法规规定告知董事长，该公司发行债券时，债券票面上还应载明哪些内容？

（3）对该公司的申请，国务院证券管理部门能否批准？为什么？

分析：

1）该公司应该准备送批的文件包括以下四种：

①公司登记证明。

②公司章程。

③公司债券募集办法。

④资产评估报告和验资报告。

2）债券票面上还应载明的内容包括以下三种：

①公司的名称。

②公司债券的面额。

③公司债券的利率和利息的支付方式。

3）对该公司的申请，国务院证券管理部门不能批准。因为发行债券的股份公司的净资产额最低必须达到 3000 万元，债券总额不得超过净资产额的 40%。

# 第三节 证券交易制度

## 一、证券交易一般规定

在证券市场中，大量的、频繁出现的是证券交易活动，证券市场上所需建立的秩序和所要防范的风险也与证券交易联系紧密，还有许多重要的规则也是针对证券交易的，因此在《证券法》中，规范证券交易的内容占有很重要的地位。

（一）证券交易的合法性

证券交易必须在合法的范围内进行，这是可以进行证券交易的前提，如果不具有合法性，证券交易就失去了基础，因此在研究证券交易的规则时，第一个要求就是合法地从事证券交易，作为交易标的的证券必须依法发行和可以依法买卖，主要有以下三项规定：

（1）证券交易当事人依法买卖的证券必须是依法发行的证券这项法律规定的内容，首先表明证券交易当事人即卖出证券的一方、买入证券的一方、作为中介机构的一方等，在依照法律规定进行证券买卖时，他们所买卖的证券必须是依法发行，而不能是非法发行的，如果这种买卖的标的不是依法发行的证券，不得进行买卖，就不能形成证券交易行为，所以，交易标的的合法与否，成为证券交易合法与否的前提与基础条件，投资者或者证券公司无论是买入还是卖出、是代理买卖还是自行买卖，都必须注意所买卖的对象是合法发行的还是非法产生的。

（2）在证券市场进行买卖的证券必须是依法交付的证券。这是在《证券法》第30条中作出的规定，即要求证券交易当事人依法买卖的证券，必须是依法发行并交付的证券。所以，规定必须交付才能进行交易，这是由于证券和证券权利是不可分离的，持有证券才能享有证券权利，持有股票才能享有股权，持有债券才能享有债权，移转证券权利必须交付证券，这是交易的通行规则，运用于证券交易中尤其应当严格，所以规定须经交付作为一个必要的条件。

（3）限制转让的证券不得买卖。这是指依法发行的证券，在法律上对其转让作出限制的证券，则不能违背这种限制进入市场进行交易，否则便是不合法的。

（二）交易场所与交易方式

1. 证券交易场所

证券是可以依法流通的，持有证券的人可以依法将其买入，也可以将其卖出，但是进行这种买卖的场所并不能随意设立，或者任意、自发地形成，而是由法律规定，所以说它是法定的场所。

依照现行的法律规定，证券交易场所有两种：一种是由证券交易所组织的集中交易市场，又称场内交易市场；另一种是在证券交易所外，依照法律的规定，证券持有人可以进行证券买卖的场所，又称场外交易市场。

### 2. 证券交易方式

上市交易的证券进入证券交易所进行买卖，所采用的交易方式和在交易中遵行的原则，在《证券法》第33条中作出了规定，即证券在证券交易所挂牌交易，应当采用公开的集中竞价交易方式；证券交易的集中竞价应当实行价格优先、时间优先的原则。这项法律规定表明了以下三种意思：

一是证券在证券交易所上市，所使用的交易方式应当是公开的集中竞价交易方式。这是因为证券交易所是国家批准设立的有组织地集中的证券交易场所，依照《证券法》的规定，上市交易的证券都要集中到这里进行买卖。各个投资者，如果要买进股票、公司债券或者在证券交易所挂牌上市的其他证券，就通过他的经纪人，将所需买进的证券品种、数量、价格传输到证券交易所；同样，要卖出证券的投资者，也是要通过其经纪人，将所欲出售的证券品种、数量、价格传输到证券交易所。这样，买方与卖方都集中到了交易所，一种情况是要买入的证券有可能许多人争着买进，另一种情况则是一种要卖出的证券会有许多人同时要卖出，在这种情况下，买方和卖方就展开竞争，在众多的买价与卖价中，买入的一方谁出的价格最高，就由谁买得；而在卖出的一方，谁的报价最低谁就会先卖出去。就这样，每出现一个买价与卖价相吻合的机会，就会成交一笔，而在买价与卖价始终未能吻合时，就不能成交。这种集中到一起，竞价成交，在技术上采取什么样的方式，要看证券交易所的技术条件和决定采取何种方式，如有用电脑的，也有用口头叫喊的，还有用板牌的，无论用什么方式，它们的基本法律关系是不变的，公平竞争的原则是不能变的，采取公开集中竞价交易方式，就是按照市场的原则，公开、公平、公正地进行证券买卖。

二是价格优先，也就是在集中竞价成交时，会出现多个买方或卖方的报价，在这种情况下，谁能够优先购买或者优先卖出，这个顺序的排列应当是，作为买方，谁的报价越高，谁就有优先买入的权利；作为卖方，谁的报价越低，谁就有优先卖出的权利。所以，在证券交易所里，集中竞价时往往是报价最高的买方与要价最低的卖方成交的机会最大，或者说最能优先成交，这是一项交易原则，也是法定的规则。

三是时间优先。这是在集中竞价成交中遵行的又一项重要原则，它是指在证券交易中，两个以上的买方或者两个以上的卖方的报价都一样时，以谁先报价就应当是谁有优先成交的权利，也就是说，同为买方，要在证券交易所买入同一种证券，几名投资者所报的价格也相同，谁能成交，就取决于谁先报价；同为卖方，要在证券交易所卖出所持有的证券，几乎所报的卖出价是相同的，谁能优先成交，就取决于谁先报出价格，所以，时间优先原则是在报价相同的情况下谁先成交的一项规则，是不可缺少的，至于在竞价中如何区别报价的先后顺序，则根据竞价方式决定，都是可以做到的，如以电脑竞价时，以主机接受时间先后顺序排列，口头竞价时，按听到声音的先后顺序去排列。

**二、证券市场交易中的先行赔付制度**

（一）先行赔付制度的产生与发展

先行赔付制度是市场主体针对证券市场运行中所产生的问题而采取的对策，该制度由市场主体自主推动建立，再逐步获得监管部门认可并最终以法律形式确立。2003年，最高人民法院发布《关于审理证券市场因虚假陈述引发的民事赔偿案件的若干规定》（以下简称《若干规定》），提倡证券民事赔偿纠纷各方达成和解①，高效解决证券纠纷，该司法解释为先行赔付制度的后续实施提供了整体方向。2013年，国务院办公厅发布《国务院办公厅关于进一步加强资本市场中小投资者合法权益保护工作的意见》，该意见提出要健全中小投资者赔偿机制，强调督促违规或者涉案当事人主动赔偿投资者②，为先行赔付制度的实施提供了制度依据。随后证券市场上出现了三起先行赔付案例，投资者及时得到赔偿。得益于良好的实践效果，在制度规则层面，2015年证监会发布《公开发行证券的公司信息披露内容与格式准则第一号——招股说明书》（以下简称

---

① 《关于审理证券市场因虚假陈述引发的民事赔偿案件的若干规定》第4条："人民法院审理虚假陈述证券民事赔偿案件，应当着重调解，鼓励当事人和解。"
② 国务院办公厅关于进一步加强资本市场中小投资者合法权益保护工作的意见》第6条："对上市公司违法行为负有责任的控股股东及实际控制人，应当主动、依法将其持有的公司股权及其他资产用于赔偿中小投资者。"

《格式与准则一号》），第 18 条首次提及保荐机构先行赔付制度①。但该规定仅为部门规章，以其作为保荐机构履行赔付义务的依据实属力有不逮——在法律或行政法规尚未设置保荐机构须先行赔付的规定之前，部门规章不得设定增加保荐机构赔付义务的规范，《格式与准则一号》第 18 条并无上位法依据②。

为此，在法律层面确立先行赔付制度的呼声十分强烈。2019 年，新《证券法》第 93 条规定了先行赔付制度，对制度的构成要件作了基本规定，但对赔付程序、赔付对象范围等问题仍未明确规定，导致实务适用中面临许多挑战。2020 年 4 月，中国证券业协会投资银行委员会召开会议，会议对提高先行赔付自愿性等问题提出研究意见和建议。

（二）先行赔付制度的内涵

2020 年 3 月实施的新《证券法》在投资者保护一章中规定了先行赔付制度③。从法规层面看，先行赔付制度具有以下三项特征：

第一，先行赔付的适用情形是发行人欺诈发行、虚假陈述或者其他重大违法行为造成投资者损失。一方面，先行赔付适用于欺诈发行、虚假陈述案件符合现实需求。欺诈发行、虚假陈述是证券市场中常见的违法行为，对广大投资者的利益产生侵害。即使投资者起诉，由于胜诉率低、投资者获偿少等原因，导致投资者诉讼收益减少，损失未能得到有效赔偿。赔付主体先行赔付投资者，可以及时、高效地补偿投资者损失，弥补现行证券民事赔偿诉讼投资者权益保护的不足。另一方面，在语义解释上，"其他重大违法行为"与"欺诈发行、虚假陈述行为"是并列关系，应理解为与后者性质相近的违法行为。此外，其作为先行赔付适用

---

① 《公开发行证券的公司信息披露内容与格式准则第一号——招股说明书》第 18 条："招股说明书扉页应载有如下声明及承诺：……保荐人承诺因其为发行人首次公开发行股票制作、出具自文件有虚假记载、误导性陈述或者重大遗漏，给投资者造成损失的，将先行赔偿投资者损失。"

② 《立法法》第 80 条："部门规章规定的事项应当属于执行法律或者国务院的行政法规、决定、命令的事项。没有法律或者国务院的行政法规、决定、命令的依据，部门规章不得设定减损公民、法人和其他组织权利或者增加其义务的规范。"

③ 该法第 93 条："发行人因欺诈发行、虚假陈述或者其他重大违法行为给投资者造成损失的，发行人的控股股东、实际控制人、证券公司可以委托投资者保护机构就赔偿事宜与受到损失的投资者达成协议，予以先行赔付。其先行赔付后，可以向发行人以及其他连带责任人追偿。"

情形的兜底条款，为未来新的证券违法行为类型的适用留下运用空间。

第二，先行赔付应先于行政处罚或司法判决作出之前。一方面，先行赔付应先于行政处罚作出之前。从证券监管实践来看，证监会在作出行政处罚之前，往往需要对虚假陈述等违法行为进行较长时间的调查，如果在处罚作出之后再赔付，无疑会拖慢投资者获赔进度；赔付主体先行赔付的动力源于获得证监会从宽处罚的待遇，先行赔付的启动时点若置于行政处罚之后，将打击赔付主体的赔付积极性。另一方面，先行赔付应先于司法判决作出之前。先行赔付制度目的在于及时高效地补偿投资者。司法判决一旦生效，投资者可以凭借该判决书要求相关责任主体赔偿，此时赔付主体进行先行赔付的意义不大。因此，先行赔付应在司法判决作出之前。

第三，赔付主体享有追偿权。赔付完成后，赔付主体可以向发行人或其他连带责任主体追偿。若赔付主体对虚假陈述等违法行为存有过错的，可以就其实际承担责任超过自己责任份额的部分向其他连带责任主体追偿；若赔付主体不存有过错，其无须承担赔偿责任，可以就全部的赔偿份额向连带责任主体追偿。

（三）证券市场先行赔付的性质

对于证券市场先行赔付的性质，目前学术界众说纷纭，但主要包括以下三种观点：

1. 民事和解协议说

证券市场先行赔付的本质是和解，先行赔付协议是投资者与先行赔付人就民事赔偿事宜达成的和解协议。当事人之间的合意是该和解协议形成的基础，当事人可以根据自己意愿自由选择是否与对方达成和解协议，并与对方进行协商确定和解协议的内容。但是相较于一般的民事和解协议，证券市场先行赔付方案具有其特殊性。

首先，证券市场先行赔付协议内容的确定，并非受损投资者与先行赔付人协商确定，实践中投资者并未参与先行赔付协议的制定，先行赔付协议的内容通常是由先行赔付人、投保机构以及各领域专家共同确定。

其次，具有明显的涉他性，一方面，先行赔付协议不仅能够约束协议当事人，还会影响未参与先行赔付的其他责任主体的权利与义务，先行赔付人履行了先行赔付协议后，有权向发行人及其他连带责任人行使追偿权；另一方面，在先行赔付案件中投保机构发挥了重要作用，投保机构不仅负责联系受损投资者，还全程参与先行赔付协议内容的制定并负责赔偿基金的运营管理，因此该先行赔付协议与一般的民事和解协议并不完全相同。

### 2. 侵权之债转化说

《证券法》第85条以及最高人民法院发布的《若干规定》中明确了证券市场虚假陈述系侵权行为，把虚假陈述行为界认定为侵权行为，实际上使其摆脱了合同相对性的限制，扩大了责任主体的范围，无论投资者与该主体之间是否存在合同，只要行为人实施了证券欺诈行为，造成投资者损失，就可以成为先行赔付人。信息披露义务人违反规定，损害投资者知情权、公平交易权，致使投资者做出了错误的投资决策，由此造成投资者财产损害，投资者即可提出侵权损害赔偿。证券侵权行为人与受损投资者之间产生的侵权之债，投资者可以采取诉讼、仲裁等途径主张权利，而证券市场先行赔付就是将被动的侵权之债通过先行赔付协议转化为主动的合同之债，将被动地履行司法裁决通过先行赔付协议转化为主动的合同履行，尽可能地减轻侵权造成的不良影响，及时弥补投资者的损失。

### 3. 行政和解说

《行政和解试点实施办法》第2条规定了证券行政和解，与普通的行政和解不同，在证券行政和解中证监会可以根据行政相对人的申请与其达成和解协议，并据此终止执法程序。证券市场先行赔付协议的制定没有行政机关的直接参与，先行赔付人即使达成并履行了先行赔付协议，仍需要承担相应的行政处罚，事实上不完全符合证券行政和解的要求。但相关责任人是否完成了先行赔付，是行政机关在行政执法阶段对先行赔付人决定处罚力度的重要考虑因素。先行赔付人希望通过与受损的投资者进行和解，先行承担赔偿责任，以换取较轻的行政处罚，减轻该事件对其正常经营活动的负面影响。在司法实践中，也印证了这一观点，在万福生科、海联讯、欣泰电气案件中，证监会对于主动承担先行赔付责任的证券公司、控股股东的确减轻了行政处罚力度。故证券市场先行赔付制度具有一定的行政和解色彩。

根据《证券法》第93条中"可以"二字得以明确证券欺诈责任人享有自主决定权，有权决定是否启动先行赔付程序，先行赔付责任的承担并非强制性，再次明确了证券市场先行赔付制度民事和解的本质。但是相较于一般的民事和解，证券市场先行赔付制度亦有其独特性。私法层面上，先行赔付制度属于私力救济的范畴，体现出民事和解的自愿性、平等性。当发生了证券欺诈事件，在行政机关介入之前，有可能的责任主体与受损投资者，在投资者保护机构的参与下，将违法行为人与投资者之间的侵权之债转化为合同之债。公法层面上，先行赔付人力图通过先行对投资者进行赔偿的方式，以换取行政机关、司法机关相对较轻的处罚，故亦不可忽视公权机关在证券市场先行赔付制度中发挥的间接推动作用。这一界定方式更加具有包容性，强调证券市场先行赔付的实质内容，突出证券法领域民事赔偿责任的特殊性，更好地发挥证券市场先行赔付制度维护中小投资者合法权益的现实作用。

（四）证券市场先行赔付的价值

1. 强化证券市场信息披露，督促相关主体审慎履职

上市公司所披露的信息是证券交易活动的重要依据，在很大程度上决定了投资者能否在公平、公开的市场环境中进行理性的投资行为。上市公司的信息披露质量不仅关系到证券市场的健康发展，也会影响到资本市场的稳定。强化信息披露义务，提升信息披露质量对于提高我国证券市场发展水平至关重要。随着我国证券市场快速发展，上市公司信息披露体系也经历了从无到有、从有到优，不断完善优化的过程。在注册制改革的时代背景下，证监会逐步释放了对上市公司进行审核的权力，投资者需要对发行人披露的信息进行自我判断。

面对市场化的证券欺诈行为，投资者应当采取市场化的手段解决纠纷。证券市场先行赔付制度对于强化上市公司信息披露义务主要体现在：通过加重信息披露主体违法成本，督促发行人遵守法律法规、充分履行信息披露义务。督促保荐人及相关中介机构对发行文件进行仔细审查，审慎履行职能。当其违法成本显著高于其违法所得，就会从源头减少证券欺诈等违法行为的发生。提高信息披露主体违法成本有利于提高证券市场信息披露质量，构建诚信的证券市场环境。

**2. 保障投资者合法权益，稳定证券市场秩序**

由于证券市场中存在信息不对称，且各市场主体在专业能力以及经济实力等方面存在巨大差异，使得投资者天然属于证券市场竞争中的弱势群体。近年来证券欺诈等违法行为发生的频率明显增加，且手段更加隐蔽，投资者的合法权益面临巨大威胁。长期以来，我国对于证券市场中发生的违法行为，常以行政、刑事处罚为主，这种事后的处罚虽然可以对证券违法行为产生威慑、规制作用，但是对于投资者的保护仍显不足。一旦证券违法行为被查处，之前积累的市场风险就会在短时间内引起市场恐慌，而且还会对投资者投资积极性造成难以逆转的伤害，对证券市场发展亦会形成强烈冲击，甚至会导致证券市场系统性风险。为了维持公开、公平的交易环境，需要给予投资者以特殊的保护，以尽可能实现市场交易活动的"实质公平"。因此，需要从源头防止各类证券违法行为的发生，加强投资者保护，稳定市场秩序。

**3. 建立多元化证券纠纷解决民事赔偿机制**

当前，我国证券民事赔偿纠纷的主要解决途径是诉讼，但是由于普通投资者之间相互独立，整体呈现分散状态，绝大多数投资者难以承担诉讼维权的负担，因此需要在传统的诉讼途径以外寻求新的证券民事赔偿机制。此外，在全面深化改革和注册制改革的背景下，通过市场化手段加强投资者保护也是改革发展应有之义。证券市场先行赔付制度不同于普通的证券民事赔偿机制，其作为一种非诉性质的纠纷解决方式，采取协商而非对抗的方式，通过合作解决纠纷，改善了诉讼程序中因零和心态造成的对立局面。证券市场先行赔付制度的确立为证券民事赔偿案件的解决提供了另一条快捷、便利且高效的途径，投资者无须耗费大量的时间、精力、金钱就可以在短时间内解决纠纷，获得较为充分的赔偿。先行赔付制度的落实对于缓和市场矛盾，稳定市场情绪具有重要的价值。同时建立多元化纠纷解决、民事赔偿机制还可以节约司法资源，避免因同一证券侵权案件引起的大规模群体诉讼。

（五）证券市场先行赔付理论基础

**1. 欺诈市场理论**

20 世纪 70 年代，美国最高法院首次采用了欺诈市场理论，该理论认为：股票价格受市场信息影响，市场中信息的提供方应当保证其所披露信息的真实性。如果因为其未能提供准确的信息，影响了股票价格的真实性，误导了投资者的投资决策，至此可以间接认定信息的提供者欺诈了市场中的投资者。当投资者对其提出赔偿请求时，可以推定投资者对信息提供者的欺诈行为具有信赖利益。根据民事侵权责任的一般归责原则，原告需承担侵权因果关系的证明责任。证券交易行为高度依赖于市场信息，要求信息的提供者应当及时、有效地提供真实的信息。但是事实上证券市场中引起市场行情变化的因素是复杂难辨的，如果在证券民事赔偿案件中强行要求投资者承担证明上述要件证明责任，证明自己的损失是由于信息提供者提供的虚假信息直接导致的，这样的要求对于投资者而言过于严苛，难以实现，大大加重了投资者的维权难度，欺诈市场理论的提出正好解决了这一诉讼困境。《若干规定》在认定证券虚假陈述案件因果关系时，借鉴但未完全采纳欺诈市场理论。投资者无需承担因果关系的证明责任，只要在特定时间内从事了证券交易行为并遭受损失，即推断因果关系的存在，投资者便可要求发行人承担损害赔偿责任。但是保荐机构可以通过举证证明投资者在投资时，对于虚假陈述行为是知情的这一事由进行抗辩。欺诈市场理论通过减轻原告的举证责任，在一定程度上减轻了虚假陈述案件中投资者的诉讼负担，更有效地保护投资者利益。但该理论也有弊端，事实上影响投资者的投资交易行为的因素是综合性的，投资者的决策并非完全取决于承担信息披露义务人所披露的市场信息。但是在欺诈市场理论下，只要发生了证券违法行为，基本上任何投资者都可以请求赔偿。欺诈市场理论的因果关系认定规则与买者自负原则背道而驰，完全适用该理论不仅会助长投资者的惰性心理，还会不公平地加重了信息披露义务人的责任，亦不利于营造健康良好的投资环境。

## 2. 信息不对称理论

美国经济学家乔治·A. 阿克洛夫在19世纪70年代提出了信息不对称理论：由于不同的市场参与主体所获得和掌握的市场信息存在差异，掌握更多、更准确市场信息一方当事人为了谋求自身利益最大化，可能会实施对交易相对方不利的行为，造成市场道德风险。在证券市场中，综合原因共同造成了信息不对称性。

首先，信息非本源性，证券市场作为虚拟经济范畴，投资者实施交易行为的主要依据就是上市公司所披露的信息，但是实践中一般的投资者几乎不可能获取上市公司最真实的经营信息。

其次，信息披露成本，不仅包括上市公司制作和公开公司信息的资金成本，也包括上市公司公开相关信息后，所可能获得机会成本或由于信息公开不当造成的损失，甚至包括通过内幕交易所获得的收益。

最后，投资者的有限理性，投资者主动收集和处理复杂的市场信息亦需要投入成本，而投资者的有限理性决定了投资者不可能不计成本地去获取市场信息，做出"最准确"的交易决定。

信息作为证券市场的核心资源，有效的信息是证券市场合理配置资源的基础。但是信息不对称是证券市场无法避免的客观事实，当证券市场被虚假信息占据时，证券欺诈行为泛滥，投资者无法对市场信息的真伪进行正确的判断，就会使证券产品价格严重偏离其真实性价值，而投资者只愿意支付市场平均价格，就会使优质的证券产品失去市场竞争力，最终引发"劣币驱逐良币"，导致市场调节失灵、证券市场持续低迷、投资者失去投资信心。

在证券市场中占据信息优势就等于占据了市场竞争优势，发行人一方由于天然地占据信息先发优势，处于市场竞争中的优势地位，相比之下投资者即处于劣势地位。

在我国证券市场中，上市公司利用信息不对称形成的优势地位，损害投资者合法权益的行为频繁发生，如果不对信息披露义务人的行为进行限制规定，提高信息披露质量，不仅会导致社会资源配置效力降低，还会引发逆向选择和诱发道德风险。因此，一方面需要通过增加违法者的违法成本，从源头减少证券欺诈行为，缩小信息不对称所造成的交易地位差距；另一方面由于存在信息不对称性，需要给予处于信息弱势地位的投资者以更多的保护，减轻信息不对称所导致的不利后果。

当前证券市场中信息不对称问题越发突出，证券市场信息披露水平和质量有待提高。加强投资者权利保护，不仅可以促进我国证券市场信息披露体系的建设，也有利于提升证券市场整体发展水平。

### 3. 弱者倾斜保护理论

自古以来通过法律手段保护弱者都是重要的立法宗旨，罗尔斯在

《正义论》中提出：法律的正义性是在扶持弱者的过程中得以体现的。资源的有限性使竞争成为自然界的主题，社会资源竞争是不可避免的，"物竞天择，适者生存"作为万物生存规律，这种竞争也是人类社会进化的必然产物。但是在竞争的同时，我们不能忽视对于弱者群体的照顾和保护。当今社会由于各主体之间实力及能力差距日益悬殊，形式意义上的平等无疑会加剧这种矛盾造成实质的不公平，因此需要通过法律给予弱势群体更多的保护措施，即弱者倾斜保护理论。

据统计，截至 2021 年我国的投资者规模已经接近 2 亿人，其中 97% 为普通投资者。普通投资者作为证券市场的中坚力量，其市场地位的重要性不言而喻，但是由于缺乏有效途径及时获取市场动态，缺乏专业的能力处理庞杂的市场信息，缺乏坚实的资本抵抗巨大的市场风险，普通投资者天生属于证券市场中的弱势群体。作为竞争的相对方，发行人的控股股东，实际控制人掌握一手的市场信息，拥有雄厚的资本实力，专业的投资团队。在巨大的经济利益面前，时常发生发行方利用自己的优势地位侵犯普通投资者的权利，甚至不惜实施触碰法律底线的不法行为。为了弥补这种市场地位的失衡，需要通过制定相应机制对普通投资者予以倾斜保护，尽可能维护证券市场竞争的实质公平。

保护投资者合法权益是证券市场维持长期繁荣的重要前提，国际证监会也将投资者保护力度作为衡量一个国家证券监管水平的重要因素。我国的投资者保护制度在近十几年发展迅速，尤其是在证券民事赔偿领域，投资者从求助无门到胜诉率、获赔率的不断提高。但是面对日益复杂的证券市场环境，投资者的弱势地位并未得到根本改变，证券违法行为频发且更加地隐蔽，投资者面临的挑战与风险与日俱增。虽然市场和政府都可以实现对投资者的保护，但是无论哪种方式最终都离不开法治的保障，因此需要通过不断完善相关制度规范给予投资者更加立体、系统的保护，帮助投资者克服维权困境。保障投资者合法权益，不仅需要加大对证券违法行为的处罚力度，还需要及时弥补投资者损失。证券市场先行赔付制度作为一项重要的制度创新，弥补了传统虚假陈述民事赔偿制度的不足，提高了证券民事赔偿的效率。

（六）新《证券法》修订前证券市场先行赔付的实践

1. 实证案例梳理

"万福生科案"开启了我国证券虚假陈述案件先行赔付的实践先河，

随后，"海联讯案""欣泰电气案"亦适用了先行赔付完成了对投资者民事赔偿。在这三起案件中，先行赔付人通过与投资者达成先行赔付协议，高效地完成对投资者赔偿事宜，取得了证券市场广泛认可。虽然在上述三起案件中都适用了先行赔付，但是具体细节并不完全相同，各案件之间既有共性也有自己的特点。

案例一：万福生科虚假陈述案。万福生科农业开发股份有限公司成立于2003年，2011年9月首次公开发行，股票代码"万福生科"。2013年，证监会对其IPO过程中可能存在的违规行为进行调查的过程中发现万福生科为实现上市目标，实施了财务造假行为，在《招股说明书》中虚增营业利润，虚增销售收入。2013年9月24日，证监会对该案中涉及的责任主体进行了行政处罚。在证监会作出行政处罚决定前，平安证券发布公告称，将出资3亿元设立补偿专项基金，委托投保基金公司担任管理人。同年7月11日，管理人发布公告称已与1.2万余名投资者实现和解，完成了1.79亿元的赔偿工作。

分析：万福生科案是我国证券虚假陈述案件中首例适用先行赔付规则进行民事赔偿的案件，该案中保荐机构平安证券短时间内就与受损投资者达成的和解协议，并较为圆满地完成了对受损投资者赔付工作，取得了广泛好评。先行赔付在万福生科案中的首次适用对于丰富和完善我国证券市场民事赔偿制度具有重大的意义。

案例二：海联讯虚假陈述案。海联讯成立于2000年1月，次年11月3日获证监会核准上市。2013年3月19日，证监会对其正式立案调查，认定海联讯在IPO以及核准上市后均存在虚假陈述的违法行为，2014年11月证监会对相关责任人员作出了不同程度的行政处罚。在证监会作出行政处罚前，海联讯的四位股东共同出资，设立了规模为2亿元的补偿专项基金，并委托投保基金公司作为管理人。至2014年9月，共计赔付了9800余名投资者，实际补偿金额为8800余万元。

分析：海联讯案具有如下特点：

首先，不同于万福生科案件中保荐人出资设立赔付基金的模式，该案是由发行人的控股股东共同出资设立了专项赔偿基金。因为控股股东积极配合，确保了先行赔付工作的顺利完成，最终证监会并未对处以终身市场禁入的行政处罚，仅对其处以8年的市场禁入。

其次，建立了多元化的纠纷解决途径，在海联讯案发布的公告中载明了对赔付协议内容不满意的投资者也可以选择其他方式主张权利，弥补自己的损失。

案例三：欣泰电气欺诈发行案。2009年，欣泰电气首次申请IPO，但未获得证监会核准。2011年，欣泰电气更换兴业证券为保荐人，再度申请IPO，后成功上市。2015年7月，欣泰电气被证监会立案调查，7月9日兴业证券发布公告称，拟设立先行赔付专项基金，但未公布具体方案。次年6月9日兴业证券再次发布公告称，将成立先行赔付专项基金，此次公告中包含了专项赔付方案：兴业证券出资总额为5.5亿元，委托投保基金公司为基金管理人。2017年8月欣泰电气正式从深交所退市，成为我国资本市场第一家因虚假陈述而被强制退市的公司。

分析：欣泰电气案与万福生科、海联讯案存在较大差别，首先，在证监会作出行政处罚决定前，兴业证券就发布了基金设立公告，但该基金真正成立的时间是在行政处罚决定作出后近一年。造成这一情形的原因是由于发行人欣泰电气向人民法院起诉了证监会，所以在欣泰电气案中先行赔付周期显著长于其他两起先行赔付案件。其次，在兴业证券出资设立赔付基金并完成赔偿工作后，其他连带责任人将兴业证券诉至法院，认为赔付协议中认定赔付金额过高。而后陆续有部分投资在先行赔付协议履行完毕后，再次就协议内容提出异议，并对兴业证券和其他连带责任人提起诉讼。

在对上述三起证券市场先行赔付案件进行梳理后，将具体信息汇总制成如表3-1、表3-2、表3-3① 所示：

**表3-1　先行赔付案例处罚与赔付状况**

| 案件名称 | 侵权行为 | 基金设立人 | 对上市公司的处罚 | 对保荐人的处罚 | 赔付周期 | 基金规模 | 分配情况 |
|---|---|---|---|---|---|---|---|
| 万福生科 | 虚假陈述 | 保荐机构，平安证券 | ①万福生科罚款30万元；②主要责任人罚款30万元；③实际责任人终身市场禁入 | ①警告；②没收业务收入2555万元，罚款5119万元，暂停平安证券保荐业务许可3个月；③保荐代表人终身市场禁入 | 2个月 | 3亿元 | 与12756名适格投者达成有效的和解协议，占总人数的95.01%；赔付总额为1.785亿元，占应赔付总额的99.56% |

① 以上数据是根据互联网公开信息整理而得。

续表

| 案件名称 | 侵权行为 | 基金设立人 | 对上市公司的处罚 | 对保荐人的处罚 | 赔付周期 | 基金规模 | 分配情况 |
|---|---|---|---|---|---|---|---|
| 海联讯 | 虚假陈述 | 主要控股股东 | ①海联讯罚款822万元；②实际控制人罚款1203万元；③实际责任人8年市场禁入 | ①警告；②没收保荐业务收入400万元。没收承销股票违法所得2867万元，罚款440万元；③保荐代表人罚款30万元，撤销证券从业资格，5年市场禁入 | 2个月 | 2亿元 | 与9823名适格投资者达成有效的和解协议，占总人数的95.7%；赔付总额为0.888亿元，占应赔付总额的98.81% |
| 欣泰电气 | 欺诈发行 | 保荐机构，兴业证券 | ①欣泰电气罚款772万元；②实际控制人罚款772万元；③实际控制人终身市场禁入 | 与11727名适格投资者达成有效的和解协议，占总人数的95.16%；赔付总额为2.4198亿元，占应赔付总额的99.46% | 5个月 | 5.5亿元 | 与11727名适格投资者达成有效的和解协议，占总人数的95.16%；赔付总额为2.4198亿元，占应赔付总额的99.46% |

表3-2　先行赔付协议

| 案件名称 | 万福生科案 | 海联讯案 | 欣泰电气案 |
|---|---|---|---|
| 协议设立时间 | 行政处罚前 | 行政处罚前 | 行政处罚后 |
| 协议制定主体 | 平安证券 | 主要股东 | 兴业证券 |
| 赔付对象 | 赔付方案明确将欺诈发行的责任方排除在赔付对象以外 | | 除①欺诈发行方、首次公开发行前持股人及关联人；②大股东、董事、监事、高级管理人员增持购入股票的；③政策性增持购入股票的以外，其他的受损投资者 |
| 协议内容 | 对赔付金额的计算方式、赔付方式等内容进行了公示，但是未召开听证会，未听取投资者意见，投资者未参与协议的制定 | | |
| 协议履行 | 未见有投资者对保荐机构及其他主体提出诉讼 | 未见有投资者对保荐机构及其他主体提出诉讼 | 协议履行完毕后，有部分投资者再次提起赔偿诉讼，针对协议的内容提出异议，但是福州市中院未支持 |

续表

| 案件名称 | 万福生科案 | 海联讯案 | 欣泰电气案 |
|---|---|---|---|
| 争议解决条款 | 投资者签订赔付协议并接受履行后，需要放弃对赔付人起诉和追偿的权利；如果投资者确对补偿方案持有异议、不愿接受该方案，可通过司法途径解决纠纷 | | |
| 追偿情况 | 发行人认可先行赔付协议内容，接受保荐机构的追偿方案 | 海联讯案的赔偿主体的发行人大股东，其追偿情况并未向外界透露 | 发行人等其他责任人认为保荐机构的赔付金额超过其应当承担的部分，不接受该赔付方案，并将保荐机构诉至法院 |

表3-3　先行赔付案例时间

| 案例名称 | 万福生科案 | 海联讯案 | 欣泰电气案 |
|---|---|---|---|
| 立案时间 | 2012年9月14日 | 2013年3月22日 | 2015年7月14日 |
| 行政处罚时间 | 2013年9月24日 | 2014年11月14日 | 2016年7月25日 |
| 基金成立时间 | 2013年5月10日 | 2014年9月19日 | 2017年6月9日 |
| 赔付完成时间 | 2013年7月11日 | 2014年9月15日 | 2017年10月16日 |

## 2. 先行赔付实践特点

从我国证券市场成立之日起，对证券违法行为通常是以行政处罚、刑事处罚为主，民事赔偿问题一直未得到应有的重视。据统计，1996～2013年，在我国证券市场中因实施了虚假陈述行为，满足起诉条件的上市公司有233家，但最终只有96家被真正诉至法院，真正对投资者承担了赔偿责任的仅68家，内幕交易、操纵市场等违法行为的起诉率更低。1996年，渤海股份案，是我国首起虚假陈述民事赔偿案件，济南历下区人民法院一审驳回原告的诉讼请求，不认可原告损失与被告行为之间存在因果关系，济南市中院二审维持原判。

2002年，投资者彭森秋诉嘉宝实业虚假陈述案件是我国股民获得民事赔偿第一案，最终以原告与被告达成和解，嘉宝实业董事赔偿投资者彭森秋800元告终。虽然赔偿的金额不高，但是这对于完善我国证券民事赔偿制度，鼓励投资者通过法律途径维护自身合法权益具有重要意义。

导致我国证券民事赔偿诉讼困境主要有以下几方面原因：

首先，诉讼时间长，赔付率低。据统计，我国证券民事赔偿诉讼的平均时长为 13.5 个月，中位值为 11.7 个月。个案平均赔付率为 78.6%，中位值为 83.1%。

其次，投资者起诉动力不足，普通投资者虽然人数众多，但是呈现散状分布，相互之间并无联系。在证券侵权案件中，投资者个体损失远远小于维权成本，因此绝大多数的投资者并不会主动提起证券民事赔偿诉讼。在具有较大影响力的证券市场虚假陈述民事赔偿案件中，这里展示四起案件对其赔付情况（见表 3-4）：

表 3-4　虚假陈述民事赔偿案件赔付状况

| 案件名称 | 立案时间 | 赔偿金额 | 赔偿人数 | 赔偿周期 | 获赔率 |
|---|---|---|---|---|---|
| 大庆联谊案 | 2002 年 | 749 万元 | 490 人 | 5 年 | 56.5% |
| 银广夏案 | 2002 年 | 约 3800 万股 ST 广厦股票 | 836 人 | 4 年 | 37% |
| 东方电子案 | 2003 年 | 约 4450 万股东方电子股票和 41.38 万元 | 6827 人 | 8 年 | 65% |
| 科龙电器案 | 2007 年 | 2800 万元 | 174 人 | 3 年 | 65%~75% |

通过表 3-4 可以看到，证券市场先行赔付案件相较于普通虚假陈述民事赔偿案件实践具有显著的优越性，在证券市场先行赔付案件中，赔偿工作先于责任界定，投资者无需经过繁重的诉讼程序即可获得赔偿。具体而言，证券市场先行赔付实践的特点主要体现在以下方面：

首先，赔付周期短。适用先行赔付的案件，从基金成立到赔付工作完成，一般仅需要数月时间。万福生科案中，花费不到两个月的时间就完成对投资者的赔付工作，海联讯案的赔付周期也是两个月，欣泰电气案的赔付周期长于前面两起案件，但也只用了五个月。但是在普通的证券民事赔偿案件中，投资者需要经历长达数年的诉讼、执行程序，才可能实现自己合法权益。这不仅是对中小投资者维权信心的打击，也是对国家司法资源的消耗。

其次，受偿率高。普通的证券虚假陈述民事赔偿案件中，投资者经历数年的艰苦维权后，投资者受偿率明显低于证券市场先行赔付案件，如果将投资者的诉讼成本计算在内，投资者的实际能够得到的赔偿更加微薄。此外，事实上并非每一起证券欺诈案件，法院都会支持受损投资者的诉讼请求。

最后，赔付效率高。在这三起证券市场先行赔付案件中，已经实现了高度电子化，投资者可以通过信息网络完成统一的信息登记，就可以主张权利，无须额外支出律师费用及相关诉讼费用，大幅度减少了投资者维权所需的时间及金钱成本。

3. 新《证券法》先行赔付制度的确立与实践现状

（1）证券市场先行赔付制度立法梳理及现状。

1998 年颁布的《中华人民共和国证券法》是新中国第一部专门规范证券市场行为的法律，也是我国证券法律体系框架。虽然该部法律中有关于证券民事责任的规定，但是相较于行政责任、刑事责任，民事责任的重要性并未得到应有的重视。通常认为，证券市场秩序的维护依赖于行政、刑事、民事责任相互配合，共同发挥作用，三者不可偏废。该部《证券法》中民事赔偿制度的不足，为后续证券民事赔偿困境埋下了隐患。

2003 年 1 月 9 日，最高人民法院公布了第一个较为全面且具有操作性的司法解释《关于审理证券市场虚假陈述侵权民事赔偿案件的若干规定》，在一定程度上缓解了证券民事赔偿难的问题，该司法解释的颁布对于我国证券市场民事赔偿制度以及投资者权益保护制度发展完善具有重大意义。

2015 年，证监会公布的《内容格式准则第 1 号》中首次明确保荐人的先行赔付责任，要求保荐券商在招股说明书中必须以书面形式作出先行赔付的承诺，这项举措也是我国后续推进证券市场先行赔付的基础。

2015 年 4 月，《证券法》一审稿中首次规定了证券市场先行赔付制度，2017 年二审稿中确立了投资者保护专章，并缩小一审稿中法定先行赔付人范围，投保机构不再被列为法定先行赔付主体。三审稿对投保机构的资格进行了限制，先行赔付人只能委托"国家设立的投资者保护机构"。

2019 年在最终稿中又一次对法定先行赔付主体范围进行了调整，删除了"相关的证券服务机构"。并再次将三审稿中"国家设立的投资者保护机构"修订为"投资者保护机构"，取消了对相关投资者保护机构的限定条件。最终在《证券法》第 93 条正式以立法的形式明确了我国的证券市场先行赔付制度。

证券市场先行赔付制度相较于普通的证券民事赔偿制度，并不以责任划分为前提，减轻了投资者的诉累，使受损的投资者能够快速得到救济。此次新修订《证券法》在立法层面明确了证券市场先行赔付制度法律地位，丰富证券市场民事赔偿体系，对于完善投资者保护体系具有重要意义。下面将从如下角度对该条款进行剖析：

1）证券市场先行赔付制度主要的适用情形，赔偿因证券欺诈等重大违法行为所造成的投资者损失。对于《证券法》第93条规定的"其他重大违法行为"将从两个方向进行分析。

首先，关于"重大"的理解，证券市场先行赔付制度针对的应当是社会影响重大、投资者经济损失严重的案件。如果先行赔付所耗费的成本与最终的赔偿总额相当甚至维权成本超过赔偿总额，那么启动证券市场先行赔付程序无疑是对社会资源的浪费。

其次，关于"其他违法行为"的理解，通过对比分析《证券法》第5条所规定的证券违法行为类型与《证券法》第93条规定的先行赔付适用案件类型，可以推断当前证券市场先行赔付制度主要适用于证券欺诈案件，内幕交易、操纵市场类案件暂不适用先行赔付制度。此处的"其他"违法行为应理解为一种与欺诈发行、虚假陈述相似的其他证券欺诈行为的"兜底条款"，以适应证券市场发展中可能出现的新的证券欺诈行为。因为内幕交易与操纵市场责任认定、损失界定比证券欺诈都更为复杂。长期以来，法院对于内幕交易、市场操纵违法行为的立案态度都非常慎重，主要是由于这两种证券违法行为目前仍缺少相关细则规范。近年虽有少数内幕交易案被法院受理，但是要么由最高人民法院指定管辖，要么败诉。在证券市场投资者保护体系尚未完善的情况下，盲目地扩大证券市场先行赔付制度的适用范围缺乏可行性，甚至会打击中小投资者对证券市场投资者保护制度的信心，造成证券市场混乱。因此将证券欺诈类案件作为突破口，循序渐进地落实、推广证券市场先行赔付制度，不失为一条科学、稳健、可行的道路选择，也比较符合我国当前立法及司法实践。

2）根据和解协议的性质，证券欺诈案件中各责任人均可成为先行赔付人。但是《证券法》采取穷尽式列举的方式，仅将发行人的控股股东、实际控制人和保荐机构列为法定先行赔付人，这与《证券法》中关于虚假陈述责任人范围的规定并不相同。证券法草案中对于证券服务机构、相关投保机构的角色也进行了数次修改，也从侧面说明了对于先行赔付主体范围的界定应保持谨慎的态度。

3）证券市场先行赔付是在公权力机关对违法行为人进行行政处罚、作出司法裁决之前，相关责任主体先行出资建立赔付基金，并委托投保机构作为基金管理人联系投资者，并制定先行赔付协议。"先行"作为这一制度的最大特色，在宏观上与普通的民事诉讼模式下的证券民事赔偿制度进行了区分。在适用先行赔付制度的证券违法案件中，受损的投资者不必经过繁重的行政执法、司法裁判程序，在短时间内即可弥补自己的损失。一方面，在很大程度上改善了证券市场长期以来重视行政、轻民事的投资环境，保证投资者合法权益的实现。另一方面，通过先行赔付制度可以敦促相关的责任主体积极履行其职责，审慎经营，从源头上减少证券违法行为的发生，提高证券市场发展质量。

4）明确了先行赔付人享有法定追偿权，先行赔付人承担先行赔付责任后有权向发行人以及其他连带责任主张追偿权。但是实践中针对如何落实追偿权并未出台相关的实施细则。追偿权的实现情况在一定程度上也决定了证券市场先行赔付制度能否为市场主体所接受，能够得到推广适用。

（2）证券市场先行赔付制度实践现状。

我国证券市场中民事赔偿的保障力度长期处于较低水平，投资者的权益并没有得到市场、政府的重视，民事赔偿力度的不足严重打击了广大投资者的投资信心和投资积极性。投资者的市场信心是维护证券市场持续健康发展的重要因素，投资者的损失能否得到及时、全面的赔偿是衡量一个国家证券市场发展水平的关键指标。

为了弥补我国证券市场民事赔偿困境，提高我国证券市场发展水平，先行赔付制度被创造性地引入我国证券市场，并成为我国证券市场民事赔偿体系的重要组成部分。但根据中国证券投资者保护基金有限公司官网查询（截至2022年3月）从先行赔付规则在证券民事赔偿领域的首次适用，到新《证券法》的立法确认，至今只有三起实践案例，且这三起案例均发生于新《证券法》颁布之前。新法颁布之后，尚未见有相关案例适用该制度，证券市场先行赔付制度的现实效果十分有限。

造成这一现象的原因主要体现在以下方面：首先，当前先行赔付制度缺乏配套的实施细则，实践过程中需要面对诸多不确定因素。其次，先行赔付人承担沉重资金压力的同时还需要承担追偿不能的风险，严重打击了各方主体主动承担先行赔付责任的积极性。最后，先行赔付人事后仍可能面临诉讼，先行赔付协议缺乏定纷止争的功能。

**4. 证券市场先行赔付制度存在的问题**

（1）先行赔付主体问题。

1）法定先行赔付主体范围过窄。有关证券市场法定先行赔付主体范围的规定在《证券法》修订过程中经历了数次更改，最终《证券法》第93条将发行人的控股股东、实际控制人、相关的证券公司列为法定先行赔付主体，前述主体可以委托投保机构与投资者达成先行赔付协议。而《证券法》第85条规定的虚假陈述民事责任主体，除第93条中规定的三类主体外，还包括其他信息披露义务人，并规定了不同的主体适用不同的归责原则，《若干规定》中采取了与《证券法》第85条相同的规定。有学者认为《证券法》第93条之所以如此规定，是因为相较于证券欺诈其他民事责任主体，保荐机构具有雄厚的经济实力，有足够的资金建立赔付基金。同时保荐人的市场角色也使其更有意愿主动承担先行赔付责任，以减轻证监会的行政处罚决定，降低对其正常经营活动的负面影响。而发行人的董、监、高，并无承担先行赔付责任的实力，如果盲目扩大先行赔付人范围，可能会导致各主体之间相互推诿，最终造成无人主动承担责任的局面。另一种观点认为，在界定证券市场先行赔付人时，应当借鉴《若干规定》允许其他主体主动承担证券市场先行赔付责任。笔者赞同第二种观点，并认为《证券法》第93条规定法定主体范围过窄，其合理性有待商榷。

无论是《证券法》的历次审议稿，还是最终正式颁布《证券法》中法定先行赔付人范围均未包括承担无过错责任的"发行人"。支持这一观点的人提出，因为《证券法》规定了先行赔付人可向发行人追偿，如果将发行人列为法定先行赔付人，那么就会形成"发行人"向"发行人"追偿的逻辑矛盾。笔者认为不宜仅从字面意思进行理解，并非所有先行赔付案件中都需要向发行人追偿，如果发行人主动成为先行赔付人，那么此时发行人便可向其他连带责任人追偿。"向发行人追偿"的这一表述更多的是为了突出发行人是证券民事赔偿案件的第一责任人，承担无过错责任。此外，发行人作为直接实施虚假陈述违法行为的行为人，其主观恶性更高，如果将发行人排除在法定先行赔付主体范围之外，明显与侵权责任归责原则相违背。

在证券市场先行赔付制度立法过程中，发行人的董事、监事、高级管理人员从修订稿至最终正式立法从未被列为法定先行赔付主体。但事实上，上市公司的董、监、高在上市公司决策过程中起着决定性作用，更有可能是虚假陈述行为的始作俑者以及证券违法行为的最终受益者。将发行人的董事、监事、高管排除在法定先行赔付主体之外的表述方式，不适当地减弱违法行为人应当承担的法律责任，不利于从源头减少证券欺诈等违法行为的发生。在立法过程中突出强调违法行为人的违法成本，亦是加强法律教育功能与强制功能的重要途径。

在《证券法》最终确定的法定先行赔付主体范围中，并不包括证券服务机构。有学者指出将证券服务机构删除先行赔付人之列主要是考虑到其资金实力不足，不具备承担独立承担巨额赔偿的能力。在已有的证券先赔付案件中，基金规模通常在亿元以上，赔付周期常常仅为数月，要求证券服务机构或者其他的个人责任人在短期内筹集到如此巨额的现金确实过于苛刻。但是针对证券服务机构赔付能力不足的问题可以通过丰富赔付方式，允许按份承担先行赔付责任等途径解决。

2）保荐机构责任过重。《内容与格式准则第 1 号》第 18 条规定了保荐人在《招股说明书》中必须做出先行赔付的承诺，否则发行人将无法上市。即保荐机构必须向投资者作出承诺，如果投资者因为其侵权行为而遭受损失，保荐机构将先行承担对投资者的损害赔偿责任。该承诺是基于保荐人意思表示作出的单方法律行为，一经作出便对保荐人产生法律约束力。该规定有一定的合理性，通过立法将保荐人的先行赔付承诺作为发行人成功上市的前提条件，在当前全面推行注册制改革的浪潮中，加强了保荐机构的责任，在一定程度上可以改善以往保荐机构"荐而不保"现象。强制要求保荐人作出先行赔付承诺性规定，明显违背了证券市场先行赔付制度和解的本质。

根据《证券法》第 93 条保荐人先行赔付责任的承担是以保荐人自愿达成和解协议为前提，并非强制性的。实践中三起证券市场先行赔付案件，有两起是由保荐人作为先行赔付人，还有一起案件是由上市公司的股东承担先行赔付的出资责任。由此可以得出保荐机构并非一定需要承担先行赔付责任，即使保荐机构未承担该先行赔付责任也不必承担由此带来的不利后果。因此，有学者提出保荐人先行赔付承诺并非强制性规定，其仅要求保荐人作出先行承诺，但对于不予承诺或者不履行承诺的后果并没有规定法律后果。

笔者认为《内容与格式准则第 1 号》中强制保荐人作出事前承诺的

规定，有加重保荐机构的责任之嫌，强行要求保荐人承诺承担先行赔付责任，会使其收益与风险严重失衡。因此不应过分加重保荐人责任，将保荐人的先行赔付承诺作为其进行正常保荐业务的前提条件。一方面，保荐机构作为证券市场看门人，理应从专业性角度对发行人披露的信息进行合规性审查，担保发行人如实履行了信息披露义务，对投资者负责，保证投资者知情权的实现。另一方面，保荐人是受发行人的委托从事保荐业务，其报酬由发行人支付。保荐人的角色天然地具有难以克服的矛盾性，因此应当合理划定保荐人责任，使其保荐工作的效率实现最大化。

首先，应当注重先行赔付制度和解的本质特征，当事人自愿是和解协议达成的前提条件，如果强制要求保荐人作出先行赔付承诺，那么就与先行赔付和解的本质相冲突。

其次，在证券民事赔偿案件中，发行人作为证券欺诈案件中的第一责任人，承担无过错责任。但事实上却并未被要求作出先行赔付承诺，而仅承担过错推定责任的保荐人却被要求必须作出先行赔付承诺，如果最终追偿权不能落实，还需要承担追偿不能的法律后果，成为事实上的严格责任人。强制保荐人作出事前承诺的规定，不适当地加重保荐人责任的做法也不符合证券侵权的归责原则，该规定缺乏充分的法理支撑。

最后，按照《证券法》及证券市场的要求，保荐人应当勤勉尽责地履行自己的职责，对上市公司所披露的信息进行审慎核查，但是实践中缺乏明确的衡量标准。强行要求保荐人承诺承担先行赔付责任，且无任何申辩机会，这种片面加重保荐人责任的做法有失公允。

（2）先行赔付协议的制定问题。

1）先行赔偿对象范围缺乏合理界定。首先，通过对三起证券市场先行赔付案件所发布的公告内容进行梳理，可以看出这三起案件在界定先行赔付对象时存在较大不同。万福生科专项基金补偿范围的划定有四个重要的时间节点：首次公开发行信息披露日、被立案稽查公告日、万福生科发布公告承认财务作假之日以及万福生科发布复牌公告之日，划分了三个时间段确定赔偿对象范围。根据海联讯发布的公告，其专项基金补偿范围的确定由海联讯发布《招股说明书》之日、发布《关于收到中国证监会立案调查通知书》之日、发布《关于对以前年度重大会计差错更正及追溯调整的公告》之日以及海联讯再次发布会计差错调整公告之日四个时间节点划分为三个时间段界定受偿投资者范围。但是与万福生科案不同的是，在海联讯案中，三个时间节点之间相互连接，并无重合。欣泰电气案中，根据发布的公告，兴业证券是通过三个特殊时间节点界定受损投资者范围："虚假陈述实施日"为"《招股说明书》发布之日"；"虚假陈述更正日"有两个，分别为"欣泰电气第一次发布会计差错调整公告之日""欣泰电气第二次发布会计差错调整公告之日"。该公告中并未载明"虚假陈述揭露日"，造成这一现象的原因是欣泰电气案中赔付基金正式的成立时间早于证监会立案稽查之日。

《若干规定》第11条规定了对于适格投资者认定方式，通过虚假陈述的"实施日""揭露日""更正日"三个特殊时间节点进行界定的。在先行赔付的三起实践案例中，先行赔付人对于赔付对象的范围也是通过上述时间点进行界定的，但是具体案件中认定时间节点的标准并不相同。造成这一局面的主要原因是《若干规定》更加突出认定标准的形式要件，并未对实质标准进行明确，先行赔付人在时间节点的认定上享有较大的自主权。先行赔付人自主权过大可能会导致以下问题：实践中先行赔付人通过认定对自己更有利的时间节点以缩小适格投资者的范围，减轻自己应当承担的责任，造成对投资者合法权益的侵害。先行赔付对象的认定标准缺乏权威性，难以获得投资者的认可，缺乏定纷止争的效果。

其次，万福生科、海联讯案明确将欺诈发行责任人排除在先行赔付对象之外。在欣泰电气发布的公告中对于赔付主体的限制更加严格，将欺诈发行责任人、董监高等相关责任主体都排除在赔付对象之外。在证券市场先行赔付阶段，各主体之间的责任范围并未确定，无法准确认定具体的责任人，此时如果直接将可能的责任主体排除在赔付对象范围之外，使其无法通过证券市场先行赔付及时获得赔偿，这种做法是不是对该主体合法权益的剥夺？

最后，关于区分普通投资者与专业投资者必要性问题。虽然在《证券法》条文以及实践案例中，未对此进行差异化处理，但对该问题学界还是存在不同的观点。有学者认为，《证券法》第89条明确区分了普通投资者、专业投资者，并规定证券公司仅对普通投资者承担过错推定责任，对于专业投资者并未给予特殊的倾斜保护，因此只有普通投资者才可以成为先行赔付对象。但事实上专业投资者的优势地位主要是体现在交易时间的选择上，在证券民事赔偿中需要同样的保护。根据欺诈市场理论以及弱者倾斜保护理论，在证券交易过程中不论是普通投资者还是专业投资者，均是证券虚假陈述的受害者，同样是证券市场的弱势群体。

2）先行赔付金额缺乏统一标准。在证券虚假陈述民事赔偿案件中，损失赔偿的计算标准及计算方法对于违法行为人民事责任的认定至关重要。在《若干规定》第25条中规定了具体的虚假陈述案原告损失的计算方式，实践中由于佣金和印花税的计算有明确标准且数额较小，因此在计算补偿总金额的过程中，投资差额损失的认定通常是案件的焦点。投资差额损失的计算方式详见《若干规定》第27~30条。但实践中三起案件在计算投资者损失时并未完全按照上述标准，相互之间还存在一定的差异。欣泰电气案在认定投资者损失时依据基本法律关系的不同，针对以合同法律关系为依据划定一级市场的投资者、以侵权法律关系为依据划定二级市场的投资者，并分别对其制定了不同的损失计算方式。在认定一级市场投资者损失时并未扣除因市场风险造成的损失。在认定二级市场的投资者损失时，扣除了市场性风险所造成的损失。万福生科案以及海联讯案中先行赔付人并未扣除对该部分导致损失。对一二级市场的投资者区别对待是否合理？在确定赔偿金额时是否应扣除市场性风险？如何确保赔付金额认定过程中的公平性问题值得进一步分析。

3）先行赔付协议公平性不足。首先，赔付方案的制定过程缺少投资者参与。通常而言，和解协议应当是双方当事人在充分沟通后，逐步形成一致意见的结果，但是在证券市场先行赔付协议的制定过程中，忽视了投资者的参与。万福生科案、海联讯案中其赔偿金额的确定是在听取了法律专家、会计专家等专业人员的意见后确定的。在欣泰电气案中，赔付金额的确定是由先行赔付人自主确定的，因此后期更是引起一系列的诉讼纠纷。虽然在赔付协议的制定过程中听取了相关领域专家的意见，但是专业人士的意见并不能真实反映受损投资者的诉求和意见。三起案件在赔付协议的制定过程中均未组织过投资者开展听证，均未听取投资者的意见。证券民事赔偿案件中必然会涉及众多投资者，虽然满足每一个受损投资者的要求并不现实，但在先行赔付协议内的制定过程中，应当给予每一位投资者发声的机会，充分保障投资者的知情权、参与权。缺乏程序正义的赔付协议，如何保证实质正义的实现？

其次，在三起证券市场先行赔付案件的赔付协议中都规定了投资者获得赔偿款的前提是自愿放弃其诉讼，不可再次提出诉讼，即投资者一旦接受先行赔付协议，就会丧失再次请求赔偿的权利。作为平等主体的一方当事人在和解协议的订立过程中没有任何发声通道，要么以放弃诉权为前提签订先行赔付人提供的赔付协议，要么独自面对漫漫诉讼之路，这样的规定更为先行赔付的协议的公平性蒙上了一层阴影。

4）先行赔付协议缺乏执行力。证券市场先行赔付协议的本质是证券民事赔偿纠纷当事人之间达成的和解协议。这种诉讼外的和解是"民法上的和解"，没有经过法院制作调解书等司法确认程序，一般情况下仅具有实体法上的效果①。因此先行赔付协议仅具有合同效力，无法取得司法意义上的执行力。如果先行赔付协议中的一方当事人反悔，那么该协议很可能就会沦为废纸。缺乏执行力的先行赔付协议可能会造成以下问题：

首先，从投资者的角度，如果先行赔付人不能依约如实履行协议内容，那么前期的所有工作均将白费，投资者需要花费更多成本重新开始诉讼维权。

其次，从先行赔付人的角度，如果先行赔付人依约如实履行完赔付协议的内容后，投资者在获得赔偿后又向其他连带责任人提起诉讼请求再次赔偿，那么此时已经承担的先行赔付责任的先行赔付人不仅需要面对投资者的再次诉讼，还需要承担追偿不能的风险，先行赔付人的合法权益处于极大的风险中。

（3）先行赔付资金来源单一。

实践中资金来源单一，先行赔付人需要独自承担数亿元的资金压力，典型的案例如万福生科案、欣泰电气案，这两起案件由其保荐人分别出资3亿元、5.5亿元成立赔付基金，海联讯案中是由其四名股东共同出资2亿元成立赔付基金。充足赔付资金来源是启动先行赔付工作的前提条件之一，实践中三起案例赔付资金均来源于先行赔付人全额出资，先行赔付人的资金实力在很大程度上决定了赔付基金能否成立以及赔付基金的资金规模。当先行赔付人拥有足够的资金实力时，才有可能启动证券市场先行赔付程序，当先行赔付人的经济实力不足以与众多投资者均达成和解协议并实际履行时，先行赔付工作就难以开展，受损投资者的权益就无法及时得到保障。

在一般的证券民事赔偿案件中，相关违法责任人承担的赔偿金额也都是千万，甚至数亿级别的。现阶段赔付资金来源过于单一，巨大的资金压力也会影响先行赔付人启动先行赔付人的积极性。实践中期待证券欺诈责任人同时具有承担先行赔付意愿和能力并不现实。例如，2013年

---

① 贺剑. 诉讼外和解的实体法基础——评最高人民法院指导案例2号［J］. 法学，2013（3）：141-152.

光大证券乌龙事件，有机构统计 8 月 16 日当天就有超过 45 万户投资者跟风进行了交易行为，且涉及股票众多，光大证券当时面临的民事索赔高达 30 亿元。但事实上，在该事件发生之后光大证券面临的直接经济损失已经高达 7 亿元，虽然仅占其净资产的 3%，但是占其当时现金流的 35%。[①] 因此，光大证券拒绝出资设立专门的投资者赔偿基金。再如近期发生的康美药业案，涉及多达 5 万余名投资者，扣除系统性风险后，康美药业最终需要承担近 24.59 亿元的赔偿责任[②]。由于证券欺诈类案件涉及的民事赔偿责任过于沉重，因此如何拓宽资金来源，丰富先行赔付责任的承担方式，让更多的主体有能力参与先行赔付程序，减轻各赔付主体资金压力以及分担先行赔付人追偿不能的风险需要进一步探究。

（4）先行赔付人追偿权难以落实。

1）超额赔付问题。在虚假陈述民事赔偿件案件中，先行赔付人不仅需要面对巨大的出资压力，还需要承担追偿不能的风险。《证券法》第 93 条为先行赔付人追偿权的实现提供了法律依据，解决了先行赔付人行使追偿权过程中面临的第一重障碍。但天下之事不难于立法，而难于法之必行。由于现行法规对于追偿权的行使并未进一步细化，实践中缺乏可操作性，先行赔付人行使追偿权的过程仍需要面临诸多不确定因素。

如果先行赔付人进行超额赔付后，其他责任人以超额为借口拒绝对超出其责任范围的部分承担赔偿责任，对于该抗辩事由应当如何处理？在兴业证券案中，保荐人兴业证券在完成对投资者的民事赔偿后，其他责任人以赔付金额未经其确认为由拒绝承认该赔偿金额，认为赔偿金额已远远超出其应承担的金额，因此将保荐机构诉至法院。万福生科案中虽然未因超额赔付问题引发相关诉讼，但是先行赔付人平安证券在事后追偿时仍经历了些许曲折。万福生科的龚永福、杨荣华不认可当初在 2014 年协商确定的 1.14 亿元赔偿金，提出最多只承担 1 亿元赔偿责任。最终在基金管理人的协调下，平安证券做出了让步，但是直到 2016 年龚永福、杨荣华才将该笔赔偿金汇入平安证券账户。在证券市场先行赔付案件中，先行赔付人倾向于通过与投资者达成先行赔付协议的方式，争取从轻或者减轻处罚、尽快恢复商誉信用，恢复营业的事务，以求将负面影响及市场损失降到最低。在此情形下，先行赔付人会选择制定高于

---

① 杨国英.光大为何拒绝设立投资者补偿基金［N］.新京报，2013-09-03.
② 龚新语.执行了！康美药业赔偿 24.59 亿元！超 50000 名投资者获赔［N］.央视财经，2021-12-21.

投资者实际损失的赔偿金额，以求尽快与投资者签订先行赔付协议。此时该如何平衡先行赔付人追偿权与其他责任人合法权益的平衡？

2）追偿权在破产程序中的实现困境。如何认定破产程序中先行赔付人追偿权的清偿顺序？按照现行法律规定，当其他连带责任人进入破产清算，先行赔付人的追偿权将转化为普通的破产债权，位于第三清偿顺位，只有当清偿完共益债务、职工债权之后才可能实现。根据我国当前的破产清偿率，这样的做法很可能造成先行赔付人承担的责任将远远大于其应当承担的责任，先行赔付人的追偿权无法得到应有的保障。在希望相关主体能够主动承担先行赔付责任以补偿投资者损失同时，立法者也应当尽可能地保障先行赔付人追偿权的落实。如果不能确保先行赔付人追偿权的实现，使先行赔付人成为最终责任人，不仅有违侵权责任法中基本的归责原则，还可能会造成先行赔付人流动性风险，对其正常的经营活动造成严重的负面影响，引发各连带责任人之间诉讼纠纷，使先行赔付人陷入"诉讼混战"。

# 第 四 章

## 保险法律制度

人们在社会生活中不可避免会遭遇来自自然灾害、意外事故以及其他一些原因而带来的损失。为了最大限度地挽回损失，保险业应运而生。经过多年的发展，保险法已形成了一套较完整、系统的法律制度，并在社会生活中发挥着不可替代的作用。本章就围绕保险法的理论与应用展开研究。

# 第一节 保险法概述

## 一、保险法

（一）保险法的定义

概括来说，保险法就是以保险关系为调整对象的法律。保险法有广义和狭义之分。广义上的保险法是指调整保险关系的一切法律规范的总称，其既包括属于民商法范畴的保险合同法与保险特别法，又涵盖属于行政法范畴的保险业法与社会保障法。狭义上的保险法即保险合同法。广义上的保险法既包括保险公法，又包括保险私法。但狭义上的保险法仅包括保险私法，通常仅指保险合同法。

通常而言，广义层面的保险法主要涉及如下：保险合同法、保险特别法和保险业法。其中，保险合同法也称"保险契约法"，它是构成保险法的核心内容。一部正规的保险法典可以没有保险业法的有关规定，但不可以没有保险合同的相关规范。保险特别法就是除保险合同法外，规范于民商法中关于保险关系的条文。保险业法亦称"保险事业法""保险事业监督法"，它是国家对保险业进行监督与管理的一种强制法。①

（二）保险法的特点

基于保险法规范对象的特殊性，保险法出现了不同于其他法律的特点。

1. 社会性

保险法的社会性指的是保险业的社会责任或公共性。保险法的社会

---

① 覃有土. 商法概论［M］. 武汉：武汉大学出版社，2010：377-378.

性是修正保险业等大企业过分的营利性而做的一项努力。同一般的企业相比，保险业的社会性主要体现在五个方面：

第一，因保险技术上的特点而产生的团体性、集体性及寿险的长期性。

第二，对保险人、被保险人来说，保险保障的偶然事故多数为他们将来的不幸遭遇。

第三，保险是金融业的一环，其在维持市场经济秩序中扮演着重要角色。

第四，保险资金在公益事业上进行投资。

第五，保险有节省货币准备的特点。

2. 强制性与任意性

法律法规，按照其效力一般可以分为强制性规定和任意性规定两种。其中，强制性规定通常是有合乎公众的利益的，其效力是不可变更或限制的。任意性规则的效力仅仅是当事人意思的补充，当事人可通过约定变更效力。

3. 伦理性

保险契约也称"最大善意契约"。保险契约这一善意要求决定调整保险关系的保险法有善意性，即伦理性。

4. 技术性

因为各种风险是保险业经营的对象，所以在技术上有一定的要求。在一定时间里，保险人收取的保险费用总量必须将要出现的危险损失赔偿达到一种平衡，这就需要以风险损失为基础，建立符合保险经营原理、保证保险人财政稳定的数学模型。在保险法中，通常都有关保险费率厘定、保险事故损失计算及保险赔款计算等规定。种种规定就体现了其技术性。

5. 国际性

从海上保险商人的习惯法发展到今天，保险法的演变过程为：国际法—国内法—国际法。英国著名学者施米托夫认为："没有哪个国家将商法完全纳入国际法中。但商法的国际性痕迹仍存在。"

由于保险企业是有着国际性的商业，所以各国保险法不可各自为政，否则保险现时一定会受到它的制约，因此保险法渐渐成了国际性的法律，并且具有全世界统一的趋势。

## 二、保险法的原则

### （一）公平竞争原则

公平竞争原则是守法原则的一种补充，也是对守法原则的具体化，通常为对保险业主体提出的行业竞争要求。在市场经济条件下，不管是买方或卖方、接受服务还是提供服务，他们的法律地位均是平等的，没有法外优先权，不可以借助不正当的手段获得或抢占市场份额。

### （二）损害赔偿原则

当被保险人因为保险事故而遭受损失时，应该按照合同先前的约定得到相应赔偿，这种赔偿是对财产与约定人身损害的恢复性补偿，有权益义务性质，按照财产法的基本原则，一物一主，财物遭受损失必须有人承担责任，保险是一种转移风险的法律活动，其赔付既不是侵权赔偿，也不是违约不就，而是惩戒他人风险的责任，所以这时的损害必须是财产的实际损失。

### （三）保险代位求偿原则

在法律上，代位是指一个主体取代另一个主体法律地位行使权利，主要包括法定代位制度与授权代位制度，保险代位求偿就是一种授权代为行使权利的制度。

### 三、定值保险法律

#### （一）定值保险滥用的原因

#### 1. 经济利益驱动

资本的本质是获得利润，而保险的基础功能是保障，这二者是相冲突的。想要获得最大的利益，最好方式就是超越规则限制。正如保险公司这个名词一样，前半部分是保险，后半部分是公司，分别代表了不同的利益群体。

保险更重要的是社会功能，公司的目的是获得最大利益。也正是因为如此，保险公司行为只能在法律规定的范围内，但是如此经营能够获得的利润必然只能是市场平均利润。随着越来越多的公司进入保险领域，利润会逐渐降低，竞争会越发激烈。

在获得更高的利润这个动机驱使下，保险公司必然会将业务发展无限地接近规则的边界。保险功能的一大特征便是依靠大数法则和概率论技术，以此保证经营的科学性。保险公司的营收购大数法则和概率论为基础，想要更加准确地保证利润，必须要有足够大的样本基数。

另外，保险销售的特点与银行类似，只有购买和销售两个环节。利润模式比常规的购买、生产、销售三环节模式资金周转更快。获得利润更容易，可以不用大规模地购置固定资产，也更加方便投资扩大生产。这种具有拜金主义的模式会使资本对利润追求更加强烈。

#### 2. 利益关系提供了可能性

不论保险人、投保人还是受益人，每个人参与到签订保险合同这个法律关系中都有各自不同的目的，每个人都想要自身利益最大化。这种利益冲突之间的博弈最终会达成平衡，但是人的理性是有限的，不可能任何时候都期待主体是理智谨慎的。换言之，每个人只能得到表面获得的信息，至于其参与法律关系的目的，乃至之后会如何行动，都无从得知。所以，每个参与法律关系的主体，只能从自身的角度去获得最大化的利益。

道德风险的产生，归根结底，在于保险人不清楚被保险人的真实意图以及各种行为，同时对于保险标的和保险事故本身，被保险人也要比保险人更知情，这种双方信息量的不对称，让被保险人有了可乘之机。尽管保险人对于投保人的目的并不知情，但是出于经济利益的驱使，双方自然而然达成了这种默契，也使交易能够成功。在这种情况下，双方似乎都愿意跨越规则。保险人可以获得更多的保费，投保人与受益人的目的更容易实现。双方在定值保险上能够达成一致的利益。例如，航空延误险，保险公司的变通做法，把保险变通为彩票，显然购买者的意愿会更加强烈。对于这种现象的成因主要有以下三个：

第一，普通民众没有保险相关的专业知识。保险合同一般都会采用大量的专业术语，并且存在大量保险公司自己编制的费用名称。在没有相关专业知识的情况下，难以确认其内容。所以，相对简单的合同更容易被其接受。

第二，时间成本不允许。类似航延险，价格低廉。乘客如果深究其内容是否符合规定会浪费大量的时间，得不偿失，因此也就不再追究。

第三，条款对于投保人有利，投保人出于利益考虑不会追究细节。按照正常的保险模式，保险事故发生后，投保人想要获得理赔，必然是要证明保险标的在事故中受有损失。

但是飞机延迟起飞，对于投保人来说，要证明自己遭受损失很难。如果因为航班延迟自己出了餐费尚可以用票据证明损失，假设连票据也没有，只是单纯在候机厅多等待了一会儿，难言有损失，这种情况投保人就没有申请理赔的根据。出于机会成本的考虑，乘机人恐怕基本不会选择购买这种保险。而改为延误即赔，减少了举证环节，对于投保人十分有利。

### 3. 新的销售模式提供了便利

自 2001 年起，保险公司开始应用互联网技术，到 2013 年经过十余年的发展，互联网保险进入了成熟期。2014～2017 年，互联网保险保费收入由 859 亿元增长到 2234 亿元。至 2017 年，互联网保险销售已经全面覆盖，拥有了足够的覆盖宽度，但是在深度上仍然有所欠缺，随着技术的继续发展，自 2017 年起，保险行业开启了数字化时代发展，应用人工智能、云平台、大数据等技术，使保险行业向纵深发展。

就目前来说，投保人可以足不出户就完成签订合同、付款、证件上传等步骤，之后可以选择电子保单，或者选择保单通过快递送货上门，大大便捷了保险的购买流程。但是这种模式的缺点在于购买者购买保险的心理障碍更低。对于投保人来说只是点击鼠标、点击手机屏幕，对于电子版的保险条款却缺乏足够的关注。

大量的保险纠纷案件都是这样产生的，保险人投放一个价格低廉、非常诱惑人的广告，宣称该保险能够保一些项目。受众看到这个价格和项目，不会过多地深入了解，直接点击手机完成购买。但实际上，在保险合同里会有大量的细节规定以及免责条款。当受益人要求保险人理赔的时候才发现，自己的事故根本不在理赔的范围之内。遭到保险公司拒赔后便提起诉讼，产生诉讼纠纷。

事实上网络销售的定值保险是经常可以见到的，如网购最常见的退货运费险，每天都会大量的销售，并且发生大量的理赔。以中国人寿财产保险股份有限公司销售的"网络商品交易退货运费责任保险（2020年版）条款"为例。条款没有提及任何保险价值，只载明赔偿限额协商确定，并在保单中载明。事实上这里的保险限额等同于保险价值，也就是所谓的足额保险。这种保险每天销售量非常大，没有几个网购者会在购买的时候去看保险条款，消费者也只是在退货运费险的选项上点上对钩。理赔时也只是按照约定的保险价值理赔，不再去考察退货时运费数额到底是多少。因为大部分的网购商品运费都在10元左右，对10元的运费举证核查要消耗大量的人工，没有经济可行性，采用定值赔付确实是最经济可行的做法。

以互联网为基础的保险销售，具有场景化、高频化、碎片化的特点。不管是航延险还是退运费险，通过网络的销售模式往往出现在特定环境：商品购买页面，机票购买页面。购买量大，浏览频率高，购买者不会过于关注细节。也正因为如此，当保险条款出现变动时，很少有人会去细究。

（二）定值保险法律规制

1. 立法层面的规制

（1）对于法律原则的适用规范化。

从我国的法律体系来看，是以宪法相关法、民商法、行政法、经济法等多个法律部门的法律为主干，由法律，行政法规，地方性法规、自治条例和单行条例三个层次的法律规范所构成。三个层次的功能各不相同，从上至下规则越来越细化，范围越来越狭窄，这是由其各自功能需要所决定的。法律一般只做最为原则的框架性规定，细节性的规定和具体实施措施一般都会由规章或者条例进行补充。因为在法律制定方面，人大对于国家的宏观运行更加了解，而在具体的业务方面，业务主管部门较立法机关来说对于实际情况要熟悉很多。因此，定值保险的法律规制也应当从多层次进行考虑。

对于定值保险来说，在法律层面首先面临的问题实质上是《中华人民共和国保险法》（以下简称《保险法》）条文对于损失补偿原则与公平原则适用规则的不完善。现行《保险法》第 55 条虽然严格落实了损失补偿原则，但是完全忽略了公平原则与意思自治原则。《保险法》第 55 条第二款和第三款，十分简单地对于保险价值和保险金额二者不相同时进行了规定。

只载明了未约定保险价值时以保险事故发生时的实际价值赔付，以及保险金额超过保险价值退还超额保费。这两款条文，实质上更加倾向于对投保人进行限制，防止投保人利用高额保费突破损失补偿原则获利。但保险人只需要在合同中规避保险价值，直接以保险金额替代保险价值，便可以收取高额的保费。当保险事故发生时，按照保险金额赔付时不利于保险人时，可以主张第二款以实际价值为标准进行理赔。如此约定的风险，仅仅是在保险金额超过保险价值时退还多余保费，权利义务明显不对等。

因此，应当在《保险法》中加入公平原则以及意思自治原则的适用条文，此条文的目的在于对保险人的行为进行约束。《保险法》第 55 条第二款和第三款消除了投保人的获利动机和获利可能性。但是对于保险人的获利欲望也必须加以限制，而这个限制只靠公平原则以及意思自治原则是不够的。因为原则只有在没有具体法律规定的情况下才可以适用。保险人与投保人就某保险标的签订了保险合同，应当认为是双方真实的意思表示。

那么生效的合同就要在双方之间发生效力。保险人收取高额保费的目的达到了，获取了收取约定保费的权利，就应当承担相应合同的义务——按照合同约定进行理赔。保险人为了利润，忽略保险的基本功能，引发了不必要的道德风险，其应当对于自己行为所引起的后果承担相应的责任，不应当因为法律规定而享有特权。对于保险人为了赚取保费，蓄意规避保险价值条款，约定高额保险金额，忽略对于保险标的的考察，事后利用法律漏洞拒赔等行为予以限制和惩罚。

（2）对于保险价值的约定应当做严格限定。

保险价值是决定保险金额的基础，理论上保险金额是不能超过保险价值的。定值保险之所以可以超越这一限制，主要原因在于特殊情况下严格遵守损失补偿原则反而会丧失经济性。正因如此，约定保险价值这一行为应该作最为严格的约束。否则，资本对于利益的追求会毫不犹豫地最大化利用规则漏洞。对于约定价值，应该由多个层次进行规制，利用立法、规章、审批以及事后监管等手段多层次管理。

在《保险法》层面，自然不能够将哪些情况双方可以约定保险价值，哪些情况不能一一列举。但至少应该规定将约定价值的使用顺位，以及保险人对于保险标的的保险价值进行初步审查的必要进行规定。当保险人与投保人就某保险标的投保时，如果能够按照其他合理、经济的方式确定保险价值或者在保险事故发生时可以经济的确定保险标的的实际价值，那么就不应当采取约定的方式。

我国和德国、日本都是大陆法系国家。德国在《保险合同法》第76条，日本在《保险法》第18条同样对定值保险做了相应的规定。我们注意到这两个国家对于定值保险的适用都做了例外规定，即约定价值远超实际价值时约定价值无效。这种做法的根本目的就是加强对保险人的审查义务，防范道德风险，防止合同双方利用定值保险进行违法行为。例如，作为英美法系国家的英国对于约定价值的处理方法是选择了完全的意思自治，约定价值有效。本质是西方基于自由贸易考量，市场的行为由市场自行决定。法律只做裁判者，不做管理者。

对于以上的国外经验我们可以部分借鉴，但是显然有些做法跟我国的经济模式明显不相适应。在法律体系上我国跟大陆法系国家更加接近，而我国在经济领域，国家的管理一直占有很强的主导性地位。采用英国的模式必然会放纵投机分子，致使定值保险风险加剧。美国"一刀切"的模式显然无法适应当前经济领域范围扩大的需要，如同退货运费险，很多微观领域都开始采用定值保险。这是市场的需求，绝对的禁止与经济发展是相背离的。

那么对于定值保险的保险标的价值约定，应当采用什么样的方式，应当结合我国的具体国情进行考量。我国对于保险行业是采取限制准入、产品审批的监管方式。随着保险业的快速发展，投保数量剧增，采用事后监管的模式势必要投入大量的人力、物力，而且会因为保险合同纠纷引发大量的诉讼。对于约定保险价值，从法律规范这个源头开始进行限制，显然要更具有经济性，也更加适合我国的经济发展模式。对于约定价值进行严格的限制，非必要不使用。如果确实要使用，也应当进行必要的审查义务。所以，如果说对于加入公平原则以及意思自治原则的规则建议是加强事后的处理的公平性，那么对于约定价值的顺位限制，则更多的是事前规制。将风险与纠纷的可能点直接在达成合意的阶段就消除掉，否则各方对于自己的投机行为承担相应的不利后果即可。

（3）定值保险的认定。

在德国、日本等国家的法典中，对于定值保险都给出了明确的定义。但是在我国的《保险法》中却没有对这一概念进行规定，导致了法院之间对于定值保险的认定出现分歧。保险性质的认定直接关系到的是合同保险理赔方式，对于各方主体都具有重要的意义。如果在合同性质认定阶段就出现错误，难以保障实质正义。定值保险在实质上，已经通过了合同条款，回避了保险标的的实际价值，保险合同的履行基础改为了约定价值。

不论保费的计算还是理赔的金额，计算基础都是以约定价值为起点。在 2021 年最高法民申 4 号案件，以及"城乡居民住宅地震巨灾保险条款（2018 年版）"中，我们都可以看到合同条款虽然没有约定保险价值，但是不论保费计算还是理赔的金额计算，全部的依据都是"保险金额"，并没有依据保险标的的实际价值进行计算，而保险金额也是双方约定而成。

实质上，这种约定方式已经与定值保险无异，其隐含的条件便是全额保险，保险金额等于保险价值。保险赔付时，计算应该按照保险金额与保险价值的比例乘以损失额进行赔付。在未约定保险价值，合同约定以保险金额为基础计算理赔标准，那么该条款隐含了一层意思表示，即认为保险金额与保险价值比值为 1，二者相同。《保险法》应当对定值保险给予一个明确的定义或者认定规则，并且对虽然没有约定保险价值，但实质上却是定值保险的伪装合同进行认定，这样可以避免司法实践中对于定值保险的认定冲突。

**2. 法规层面的规制**

在法规层面，对于定值保险的适用范围可以作进一步的细化规定。应该采用多层次的立法方式，逐步递进对定值保险的具体适用细节加以规定。从定值保险的适用范围到理赔方式，都予以明确规定。

首先，应当对定值保险的适用范围作进一步的细化。明确部分可以采用定值保险的标的范围，以及部分严格不应当采用定值保险的表现标的。定值保险的适用范围虽然数量相对较少，但是范围也并不狭窄，采用完全列举式的规定恐怕也会比较难以完全覆盖适用范围。反之，采用否定式列举也难以实现目的。那么对于定值保险的适用范围可以采用混合式列举。规定将一些不适宜采用定值保险的保险标的排除掉，同时列举出一些适合适用定值保险的大类范围。通过概括式的兜底条款，彻底解决定值保险的适用范围问题。

其次，更为重要的则是在应用定值保险的情况下，保险人的事前审查义务，应当详尽地作出规定。定值保险制度的目的之一便是通过规定将保障的最高限额最终假定为全损发生时被保险财产的实际价值，即引导保险人在保单签发前更加认真地检查财产，以防止超额投保。所以即使是采用定值保险，也不意味着保险合同签订各方可以完全依靠意思自治来决定保险价值。

在发生全损后，财产的价值难以确定，因为证明所依靠的通常的证据材料往往也全部消失。对于采用约定价值也应当以实际价值为基础，二者偏离的程度越大，道德风险越高。约定价值采用列举式的方法，把在需要应用到定值保险的情况下，哪些情况需要对保险标的的实际价值进行初步审查。是采用严格审查，一般审查还是完全由双方议定，可以较为详细地规定出来。

在第一步适用范围框架性规定下，对于区分审查义务的大小，并没有太大的难度。之后对于约定价值远大于实际价值的情况，需要立法规定保险人及投保人的过错责任。并且这种情况需要区分规定合同是否有效。如果认定无效，那么应当由过错方承担哪些责任，以及过错方承担责任的方式。

最后，对于定值保险的理赔也要进行相应的规定。但是损失补偿原则和公平原则发生冲突的情况下，恐怕采用立法的形式，也难以穷尽双方矛盾的所有可能性。在这种情况下，应该遵从行为人不可以从违法行为中获益的原则。理赔是投保人乃至受益人购买保险的根本目的，从根源上断绝受益人不当获利的可能性，减少受益人的违法动机。

四、失业保险制度

（一）失业保险的含义

所谓保险，就是投保人与保险人约定并签订书面保险合同，如果索赔人与保险人达成一致后，在保险期间出现了双方在合同中约定的情况，则保险人就必须按照约定履行书面协议，并承担相应风险和经济补偿责任的商业行为。保险是针对自然灾害、社会动荡、交通事故、故意伤害等突发情况而设置的，为了避免出现保险人以个人财力应对这些情况时难以提供相匹配的风险承担力的情况，通过购买保险，当这些情况发生时被保险人就可以获得一定的赔偿。随着现代经济的发展，人们的生活水平越来越高，风险防范意识也逐渐提升，购买保险的行为趋向于普遍。我国的失业保险制度是由国家作为制度制定者、制度实施者、执行者和制度监督者的社会保障制度。

首先，通过职工个人和企业单位等社会各方共同募集失业保险基金，作为应对突发情况的资金池，这是失业保险制度的资金基础。

其次，制度的设置目标是为了维持失业者的基本生活，促进社会稳定。即对于符合失业保险保障范围条件的劳动者们，遭遇失业问题后在一段时间内失去了定期的经济来源，在他们实现再就业和重回社会前，为他们提供一定额度的资金，还有其他形式的帮助，如举办政府招聘会、提供职业培训和就业机会。

在我国现行《失业保险条例》中，对被保险人领取失业保险金的资格作了三项限制性规定：第一，应满足已缴纳失业保险一年；第二，非主观意愿离职；第三，有再就业的意愿。

上述三个条件缺一不可，全都符合才能在失业待业期间享受失业保险金。

（二）失业保险制度的功能

1. 维持社会稳定运行

失业一直是人类社会中的一个客观问题，不能回避，但可以缓解。为了有效保护失业人员的合法权益，促进社会公平，构建切实可行的失业保险法律制度，我们必须努力减少失业对社会的负面影响。如果失业问题导致了工人收入来源枯竭，生活不可持续，我们可以想象失业者的家庭状况以及失业对家庭的负面影响，不仅是物质生活的约束，而且对失业者的心理会造成很大的打击，产生焦虑和难以承受的压力。由于经济收入的中断，失业者在自己的生活和家庭生活中都会面临着极大的困难。

失业者将是一个什么样的角色，他如何在这个竞争激烈的社会继续存活，如何找准自己的社会定位和家庭定位？他们自己和他们的家庭将走向何方？失业者很容易进入情绪不稳定状态，很容易因暂时的混乱而做出一些平时不会做出的冲动举动甚至犯罪，从而破坏社会稳定，增加了社会的不稳定性。

从人类社会发展史来看，西方资本主义国家早期以获得经济利益为目标，在经济发展中对失业问题视而不见，以实现自身利益最大化，忽略了社会个体在促进经济发展和维持社会稳定中的重要作用，这就最终导致整个国家经济发展的巨大损失。由此各国政府开始针对失业问题立法，以缓解失业人群的生计问题。近些年来，失业保险制度为失业者制定了相应的待遇标准，提供了制度保障，以缓解失业者的经济和心理压力，促进再就业，因而失业保险制度可以化解或缓解失业对社会造成的破坏性因素。

## 2. 保障失业者基本生活

在经济快速发展的现代社会，每个人都是整个社会运转的一颗"螺丝"。劳动者通过就业和劳动获得报酬，维持自身和家庭的生活需求。身处社会大家庭中，衣、食、住、行都需要经济花费，从一睁眼开始，除了个人一天的购买基础食物的费用、交通通勤的费用、教育投入的费用、生病治疗的费用、人情往来的费用以外，更别说"房贷""车贷"的经济压力浮现脑海，因此定期足额的工资不论对于个人的生存还是整个家庭的运转都有着十分重要的作用。一旦遭遇失业问题，失去了固定的收入来源，失业人员的正常生活方式和平衡就会被无情打破。

对于刚进入社会的大学生而言这是残酷的，对于一个需要支撑整个家庭运转的中年人而言也是残酷的，但是经济发展本身就是一个优胜劣汰的过程，劳动力市场是极具竞争性的，随着技术的革新和经济的发展，劳动力市场对劳动者的要求也越来越高，这种残酷的竞争每天都在我们身边上演，屡见不鲜，这种竞争和淘汰是不可避免的。当问题出现时，失业保险制度作为为失业待业人群的兜底制度，就显得尤为重要。

每个人都有在社会上生存和发展的权利，一个国家也是一个整体，当国家制定了相关的失业保险制度，就是以维持失业人群的基本生活为目标而设立的，我国是一个社会主义国家，人民群众的生活质量和发展方向都是我们关心的问题，失业问题也是我国政府重点关注的民生问题。因此，失业保险法律制度的一项基础功能就在于维持失业者的基础生活，保障失业者们的基本生存权。

### 3. 优化劳动力资源分配

在当今社会，失业的原因多种多样，千奇百怪。可能是企业的原因也可能是劳动者自身的原因，但劳动者自身具备的素质和行业对劳动者的要求不匹配，二者之间没有达到供求平衡和完美符合仍然是造成失业的重要因素。如果经济发展、技术创新和劳动者素质跟不上发展趋势，他们将不可避免地面临失业风险以及面对自然选择的生存规律。

失业保险制度为那些在市场经济中优胜劣汰的劳动者提供了一个较为安全的"避难所"，给了他们"再次出发"的起跳台，在这段过渡时间里，失业者一方面可以通过参加由相关机构组织的培训，重新学习相关的职业技能，提升自己的学历背景，提高自己在劳动力市场中的竞争力，为重新就业和重返社会做好准备。另一方面很多失业者在经历失业风险后，会转变就业观念，如发掘自身特点和优势，探索其他有潜力有前景的行业，进行二次择业或自主创业，这样的行为在无形间不仅提升了劳动者自身的素养，而且实现了劳动力资源的合理流动，在一定程度上实现了劳动力资源的优化配置。

### 4. 促进失业者再就业

在各个国家制定相关失业保险制度，进行制度探索的初期，大多制定者和研究人员都将制度的原理中心和重点放在如何维持失业者的基本生活，并没有过多地考虑之后的问题。然而这个问题是不能不考虑的。在失业者领取了失业保险金后，基本生活得以满足，基本生存权获得了保障，然而人都是有惰性的，没有制度的科学设计和强行规定推动失业者早日实现再就业，失业者中的大部分人都会选择如此得过且过，依靠国家的救济和帮助不劳而获，庸庸碌碌。

　　首先，这会导致失业群体的"寄生""懒惰"心理，对于个人的发展和终生规划来说，不可能一辈子依靠微薄的补助度日，这样的制度纵容了失业群体规避工作问题，个人的消极发展和逃避工作问题终会积少成多影响整个国家的发展和进步。

　　其次，失业群体如果不积极实现再就业，失业人群只会越来越多，国家的财政负担也会越来越重，努力工作的人通过缴纳失业保险去为不工作的人群提供生活保障，会导致社会之间的群体对立，而且国家的资金也难以周转，本身就是难以为继的。

　　近几年，随着对保险制度理论研究的不断深入和发展，逐渐有学者注意到这个问题，即失业保险的功能定位不能只停留在维持失业者基本生活和保障基本生存权的层面上，而应该考虑"盘活"整个失业保险制度，实现失业人群有进有出，促进他们早日重返社会和实现再就业，不应当仅仅去设计一个"失业保险制度"，而应该转变思路，去设计一个"再就业保险"，这些研究的出现都表明我国失业保险制度的重要功能之一就是实现失业者再就业和重返社会，从根本上解决问题，从制度自身的功能定位出发解决失业问题。

（三）我国失业保险法律制度存在的问题

　　改革开放以来，我国 40 年就走过了资本主义国家 200 年的历程，使人民的生活水平有了飞跃式的提升和发展，但我们同样需要注意的是，随着人口的激增、社会转型的不断升级以及 2020 年新冠疫情在全世界的蔓延，许多新生的问题又逐渐显露。由于新冠疫情来势汹汹，并且出现了之前从未遇到过的诸多危机，很多国家立即出台了不同强度针对性的防疫政策，大部分企业响应政策暂时停业，导致利润大幅下降，为减少企业运营成本，很多企业都进行了不同程度的裁员行动，造成大量职工下岗和失业。因此，面对近年来产生的新问题和新挑战，我国失业保险法律制度应该及时作出回应和调整。从理论研究方面来看，在世界各国与养老保险、工伤保险法律制度相比较而言，失业保险制度的研究开始时间较晚，可用成果较少，研究都尚在进行和探索中。从制度本身的运行和发展方面来看，与其他国家相比，我国失业保险法律制度产生的时间比较晚，发展时间也比较短，需要完善和进步的地方还很多。

　　2017 年，我国人社部发布了《失业保险条例》的意见征集稿，对该制度的功能定位进行了扩充，从前是保生活、促就业，意见征集稿中扩大到包括保障生活、促进就业、防止失业等职能。此外，还发布了许多新条文，对原来的规定进行了细化。

1. 失业保险损失赔偿存在争议

（1）劳动纠纷赔偿范围规定不明。

目前，根据我国相关法律规定，劳动争议产生后都是采取"先调后裁"的处理模式，《劳动争议调解仲裁法》对劳动争议仲裁受理的范围进行了相关规定，据此，劳动者由此产生的劳动纠纷都可以进行司法维权，但是对于劳动纠纷赔偿的范围并未做出明确规定。大多数劳动者在离职时会与用人单位签订解除劳动合同协议书，协议书的内容多会强调对离职职工进行经济补偿，劳动者一次性领取该赔偿金后不再与本单位存在劳动关系，自此也不再存在任何劳动纠纷，但合同并未明确将失业保险待遇损失列入其中。

现实案例中，大多数用人单位都在之前的劳动关系存续期间存在未为劳动者按时足额缴纳失业保险的责任过失，劳动者在签署该协议以后会再次以用人单位未在劳动关系存续期间为其缴纳失业保险的违约行为为由上诉，要求其赔偿未领取的失业保险待遇损失。在这种情况下，依据相关法律解释，司法机关对此类案件进行受理，究其原因，正是由于签署的协议中未明确将失业保险待遇损失列入一次性赔偿款，并且未对劳动纠纷赔偿范围进行细化规定，导致在司法实务中存在争议焦点。

（2）未强调劳动者的诚信。

义务劳动者在签署解除劳动关系协议书后，领取了协议中规定的补偿金，后期又以自己不知道劳动关系存续期间用人单位未为自己缴纳失业保险为由提起仲裁或者诉讼，针对解除劳动合同协议书，双方就劳动者应享受的安置补偿、经济补偿金等待遇进行了约定。该协议系双方的真实意思表示，内容不违反法律、行政法规的禁止性规定，依法有效，对双方当事人具有约束力，且协议签订后，劳动者已经按约领取了相应安置补偿款。

尽管用人单位在劳动关系存续期间存在未为劳动者按时足额缴纳失业保险金的过失，导致劳动者失业后无法领取失业保险金，但是离职时双方基于自愿原则已经签署了离职协议并领取了补偿金，未对劳动者的诚信义务进行强调和规定，导致劳动者后期又以用人单位存在过失提起诉讼，存在领取补偿金后是否能够额外获得赔偿金的争议。

2."非自愿中断就业"存在争议

（1）理论标准含糊不清。

从规定上看，"非自愿"主要强调的是形式要件，即满足了被动、被迫、非主动辞职的条件来判断。然而，随着现代社会的发展，新兴的职业类型、各式各样的劳动合同随之产生，矛盾和纠纷的原因也变得越发复杂，劳动者在解除劳动关系时是否真的属于"非自愿中断就业"难以界定和判断。

根据《失业保险条例》的规定，要领取失业保险金需要满足"非本人意愿中断就业"这一条件，而如何去判定是否满足该条件呢？根据我国现行《失业保险金申领发放办法》，下列情况属于满足"非自愿"：需要劳动者和用人单位终止劳动合同，这是需要具备的最基础的形式要件；劳动者被用人单位解除劳动关系的；被辞退、开除和除名。用人单位违反劳动法的相关规定，没有尽到应尽的义务，包括不按照劳动关系成立时签订的劳动合同支付劳动报酬，不按照当时约定为劳动者提供工作所必需的环境条件、物质条件等；兜底性条款，即法律法规规定的其他情况。

不论基于什么原因，只要满足了解除劳动关系的被动性，就满足"非自愿"。各个国家在建立失业保险制度时，对于失业保险金的领取条件如何设置这个问题，并没有刻意强调"非自愿中断就业"这一条件；相反，大多数国家都将劳动者自愿中断就业作为领取资格的标准之一，但必须有一定的理由离职，不能任意离职。

通过收集和整理其他国家对于自愿离职后还能领取失业保险金的原因发现，总的来看，有以下六个方面的原因：

一是健康问题。许多人主动辞职，是因为自己的身体状况不再允许其继续支撑高强度的工作。

二是父母的养老问题。这一问题在世界范围普遍存在，而且中国人口的老龄化问题也日益凸显，尤其是以"80后""90后"为代表的独生子女大多面临着父母赡养的问题和压力。现在大多数家庭都呈现出"421"的结构，中间一辈作为家庭支柱，承受着很大的老人赡养压力。在日常生活中，没有人能预测人们会在什么时候发生一些意外情况。例如，如果在一线城市工作的职工，突然老人在家患病，需要长期护理，劳动者只能主动选择离开。这种就是由于劳动者自身无法预测的紧急突发状况导致的自愿离职。尽管饱受失业待业的风险，但它并不包含在"非自愿中断就业"的情况，这属于失业保险法律制度的不足之处。

三是抚养孩子。每个家长都希望自己的孩子能够接收良好的教育，拥有优质的教育资源，这对孩子的成功更加有利。所以，往往会因为孩子的受教育问题，不同区域的择校问题，进行自愿申请辞职。

四是由于配偶工作场所的变化而自愿终止工作。随着互联网的迅速发展，最初的面对面交流的联系方式和地缘婚姻已经成为其中一种方式，互联网拉近了人们之间的距离，拓宽了人们的交友范围。这使来自世界各地的人们也可以走到一起，结成一对。2010 年，互联网时代还未到来，距离和异地的问题并没有被考虑在内，导致出现了一些不匹配的地方。

五是自愿中断就业又创业失败的，这种情况在我国大量存在。2014年，国内掀起了"大众创业，万众创新"的浪潮，但并非所有公司都能成功。我国还应该考虑为那些未能成功创业的人提供失业救济。

六是由于工作性质的改变，或企业进行变相福利削减而倒闭职工自愿辞职。这在中国也是一个普遍现象，许多公司不想承担企业责任，便采取"冷暴力"，即只给员工发放基本工资，或将员工调到与工资明显不相符的岗位，以倒逼员工自主提出辞职，这也使得员工无法享受失业救济。

大多数国家都承认以上自愿终止就业的六个原因，尽管各国的情况各不相同，但对于我国也有积极的借鉴意义。

总的来说，很少有国家会将自愿停止工作的失业者排除在发放失业救济金的救助范围外，而有些国家则选择无门槛发放，让失业者获得直接失业救济金。不过，在这方面，我国实行的是"一刀切"，规定只有在五种非自愿离职的情况下，才符合领取津贴的条件。这种规定已经不满足当下现实的需求，需要进行改进。

（2）失业人员与企业的对立问题。

企业和劳动者在解除劳动关系时，从劳动者的角度来看，可以分为主动和被动两种。但主动和被动如何界定？站在雇员的立场上看，除了他们有更加优质的工作机会或迫于无奈无法继续工作以外是不会选择主动离职的，并且绝大多数劳动者在失业后都希望获得失业援助的。

企业与劳动者如果是解除劳动关系的情形，会使企业陷入进行劳动仲裁和赔偿的法律风险中。根据《失业保险法》，失业者是否有资格获得失业保险金主要取决于他们是否系非本人意愿离职，这就导致了企业与工人的利益出发点不同，形成了对抗的局势。再者，根据我们的"稳岗返还"政策，失业援助金只有企业在没有裁员或裁员数量较少的情况下才可获相关补贴发还，劳动者自愿主动离职便不属于裁员，所以企业希望劳动者自愿主动离职。

与此相反，劳动者希望自己是"被动"地与企业解除劳动关系，这样才能有资格领取失业保险金，劳动者为了使自己符合领取失业保险金的条件，得到失业保险金，部分会选择消极怠工、无故旷工等手段使企业主动辞退自己，这样的局面就与失业保险法律制度的既定目标"保障生活、促进就业、预防失业"背道而驰，也影响了企业的正常生产经营秩序，由此便产生了新的矛盾和纠纷。除这样的立场对立矛盾外，外部局势也在不断发生变化，企业和劳动者之间的劳动纠纷数量不断增多。

例如，2021年7月24日，中共中央办公厅、国务院办公厅联合发布《关于进一步减轻义务教育阶段学生家庭负担和课后培训负担的意见》，对教培行业的业务类型、运营时间、上市融资等方面都进行了严格的规定，对校外培训机构的资本化运作监督收紧。几十年来，教育和培训行业诞生了数十家上市公司，疫情后的在线教育已经成为大量资金流入的大热投资渠道。"双减"政策的施行极大地削弱了教育培训领域上市公司的收益。

例如，2021年11月15日，新东方——中国最大的民营教育服务提供商宣布，到该年年底，全国所有学习中心将停止提供K9培训服务。K9学科业务占新东方收入的一半以上。此外，还关闭了至少67%的教学场所，并裁员将近4万人。新东方的大裁员无论是对企业还是对员工来说都是一场灾难。由于政策变革导致行业大规模裁员，失业问题日益突出，一提起辞职和解除劳动关系，就会产生相关的纠纷和矛盾，一是政策的变动造成了失业成为一个普遍的社会现象，二是因为企业和劳动者在离职时站在利益天平的两端，对于一些不可避免的新矛盾和新摩擦，我国现行的失业保险法律制度尚未作出规定和回应。

**3. 缺乏应对重大公共卫生事件的条款**

自2019年年底新冠疫情暴发以来，全人类都经历了很大的考验，不同于之前几次产生的重大公共卫生事件，这次疫情传播速度之快、传播范围之广，都使人们措手不及，没有成熟合理的经验供我们借鉴，各国都没有很好的办法快速妥善地进行处理。但我国凭借着强有力的政府领导力，快速决策，统一部署，万众一心，努力将疫情的灾害损失降到最小，疫情防控取得显著成效，成了 2020 年世界唯一经济实现正增长的国家。

与此同时，我们更应该反思在面临如此严重的突发公共卫生事件时，我们的社会制度还存在哪些问题。突发公共卫生事件，是指突然发生，造成或者可能造成社会公众健康严重损害的重大传染病疫情、群体性不明原因疾病、重大食物和职业中毒以及其他严重影响公众健康的事件。

自 2007 年通过《应对全球公共卫生紧急情况国际卫生条例》以来，世界卫生组织只宣布了 7 起公共卫生紧急情况。根据紧急情况的性质、危险程度和范围，可将紧急情况分为特别重要（一级）、重大（二级）、重大（三级）和一般（四级）。针对这一新的疫情，我们启动了国务院组织的一级重要措施，省级人民政府在国务院的统一领导下，组织协调全省做好相关的应急响应工作。随着新冠肺炎病毒感染病例增多，2020 年 1 月 25 日，湖北省等 26 个省市自治区启动大规模一级公共卫生服务活动，覆盖 12 亿多人口。

可见，疫情对全球和国内都产生了巨大的负面影响，很多企业停工停产，为了配合疫情工作，许多劳动者陷入了失业的危机。人社部统计数据显示，全国城镇登记失业率从 2010 年开始依次是 4.10%、4.10%、4.10%、4.05%、4.09%、4.05%、4.02%、3.90%、3.80%、3.62%、4.24%，足以证明疫情导致企业大规模裁员，工作岗位减少，失业人员大幅度增加。

如何应对重大公共卫生事件，是我国各项社会制度亟须考虑的问题，失业保险制度作为稳定失业人群的重要制度，也应该作出相应的调整。

（1）未将"稳岗返还"纳入制度体系。

2015 年，中国需要经济转型，推进供给侧改革，清除"僵尸"企业，淘汰落后产能，让企业"步伐轻盈，快速向前"，集中资源重点发展高科技和尖端技术，基于这样的社会背景和政策方针，中国开始实施"稳岗返还"政策。

一系列活动浩浩荡荡地展开，但结构性失业导致的大规模裁员问题在这一时期已不可避免。因此，中国实施了"六稳""六保"政策，包括稳定人民群众的就业和生活问题，以促进社会的稳定运行。

2018 年，美国特朗普政权上台并发动了"中美贸易战"，试图打压中国的发展势头，给中国经济带来巨大损失。同年，人力资源和社会保障部发起了另外两项行动，一项是稳定企业的"护航行动"，另一项是提升职工职业能力的"展翅行动"。这两项行动的主要着力点在于：利用失业保险基金为被保险人提供补贴，提高他们的技能，帮助失业人员实现再就业，填补新型经济高速发展和产业结构带来的空缺。扩大了稳岗补贴的范围，鼓励企业少裁员；这两项行动在当时都起到了重要的积极作用，在减少失业人群，保障人民基本生活方面取得了可观的成效。

2020 年，国务院办公厅针对新冠疫情的影响，发布了《关于加强稳定就业措施的实施意见》，进一步加大了"稳岗返还"的普惠力度。很多企业包含在该政策的范围当中，为了获得稳岗返还款，众多企业都朝着尽量不要裁员、减少裁员的方向发展，这也从侧面促进实现了我国失业保险法律制度的防失业功能。然而，问题在于"稳岗返还"这项政策自2015 年以来多次用来应对社会危机，解决失业问题，并取得了良好的社会效果，但这项政策并没有相关法律作为依据。

此外，在实践中，自愿辞职的工人不被包括在裁员人数中，一些公司经常与工人发生纠纷，以满足"稳岗返还"的政策要求，即公司不想承担开除工人的成本，并通过各种隐性手段迫使工人自愿辞职。例如，将工人换到环境困难的工作岗位，不与工作中的工人沟通，孤立工人，或消耗工作时间但不给工人分配工作，只给工人最低工资，这些都让工人无法接受。如果将这项政策通过法律解释途径加以完善，是否能够促进实现失业保险法律制度构想的初衷。

（2）灵活就业人员缺乏制度保障。

随着新产业、新形式、新模式——三大新经济体的快速发展，越来越多的员工以新的、灵活的就业方式就业。鼓励和支持工人以新的就业方式参与社会工作，对于稳定经济、就业和人民生计非常重要。

然而，由于"没有单位、没有雇主、没有雇佣关系"，许多新的就业形势和灵活的雇员很难参加当前的失业保险制度。在抗疫斗争中，许多在线上工作的汽车司机、快递员和外卖员，为积极保护和运送医护人员、分发医疗用品和生活用品做出了宝贵贡献。

同时，许多新的就业形势工作者和弹性劳动者都在疫情中失去了工作和收入来源，基本生活保障严重困难，需要失业保险制度的支持和帮助。因此，鉴于新的就业形势和灵活的就业形势以及劳动者的劳动特点，迫切需要加快研究建立适合他们的失业保险制度。

建立和完善新的就业制度和灵活的工人失业保险，不仅能够有效保障新型工人的基本生活，而且促进和支持了多种形式的自主灵活就业，有利于提高劳动力市场的灵活性，保持市场的动态平衡，有助于在疫情影响下恢复市场消费能力，促进国内经济的复苏和发展。

（四）完善我国失业保险法律制度的建议

1. 细化失业保险损失赔偿有关规定

（1）明确劳动纠纷赔偿的范围。

根据法律规定，劳动争议的范围包括因辞退、开除，由于工作时间、社会保险、福利、培训和劳动保护等方面引起的争议。随着社会发展，劳动关系的类型越来越多，当工人与雇主签署解除雇佣关系的协议时，原因往往是复杂和多方面的。劳动争议赔偿的赔偿范围可以根据劳动争议的原因予以明确和细化，这样更有利于用人单位和劳动者之间的具体赔偿责任的分配。

（2）强调劳动者的诚信义务。

劳动者与用人单位在解除劳动关系协议中系双方的真实意思表示，内容不违反法律、行政法规的禁止性规定，依法有效，对双方当事人具有约束力，协议签订后，劳动者已经按约领取了相应安置补偿款。

尽管用人单位在劳动关系存续期间存在未为劳动者按时足额缴纳失业保险金的过失，导致劳动者失业后无法领取失业保险金，但是离职时双方基于自愿原则已经签署了离职协议并领取了补偿金，应该强调劳动者的诚信义务，既然已经基于自愿的前提下签署了解除劳动关系合同并领取了补偿金，就应该尊重合同所规定的条款。

结合失业保险金设立的目的，是为了失业者在失业期间生活有所保障，并为再就业提供资金支持，劳动者往往想要得到更多的经济赔偿，也忽略了之前自己已经签署的解除劳动合同中的义务，用人单位未为劳动者按期足额缴纳失业保险金属于劳动法与社会保障法中的义务，惩罚用人单位的法律体系不应与劳动者应该遵守自己的诚信义务所矛盾，因此应当强调劳动者的诚信义务。这与未签署解除劳动合同而要求经济赔偿金以及失业保险待遇损失的情形应当有所区别，该种情况是基于劳动者并未对赔偿方案达成合意，而如果已经签署了合同并接受了补偿款，则应该强调劳动者的诚信义务。

2. 对"非因本人意愿中断就业"作法律解释

（1）将"正当理由"纳入法律解释。

首先，在《失业保险金发放办法》中详细解释"非自愿中断就业"的条款，包括"有正当理由离职者"，以便为离职者拥有失业保险金的申请资格提供法律依据。

其次，结合世界其他国家制定的规范和我国的国情，将"正当理由"列为以下情况：由于自身健康原因无法继续目前的工作；因为养老工作无法继续进行；由于照顾子女而无法继续目前的工作；制定兜底性条款，以应对因社会状况的变化而出现新情况，可以由失业保险的监管机构灵活认定是否属于符合条件的其他情况，按程序进行上报。

针对因为正当理由离岗的失业人员，监管部门应当定期回访。一方面，这是为了对失业者的实际情况进行考察，防止相关行政部门的工作人员滥用权力，滋生腐败，为追逐利益而为不符合条件的失业者申请失业保险金待遇；另一方面，失业者在提供正当理由时，应当提供相关证明，监管机构应当做好登记和数据备份。这是为了避免失业者对自身权益的滥用，并确保失业者提供的解雇信息真实可靠。

（2）疏导失业人员与企业的关系。

当员工与公司的工作关系破裂时，他们可以分为主动分离和被动分离。然而，从工人的角度来看，除了在离开前有一份更好的工作外，他们中的大多数人都希望享受失业保险福利。

在《失业保险条例》中，判断失业人员是否应该享受失业保险的重要条件就是"非自愿中断就业"，这导致了公司和工人之间的对立。此外，签发"离职证明"文件通常会给公司带来一定的仲裁和诉讼风险。因此，在实践中，用人单位普遍通过各种手段减少和降低劳动者的工作福利待遇，倒逼劳动者自愿辞职，这不利于失业保险法律制度目的的实现。因此，我们必须注意疏通失业人员与公司的关系，强调用人单位必须按时足额向劳动者缴纳失业保险，并积极配合发放解雇后的"离职证明"文件。

我国现行《失业保险条例》第1章总则第2条中，规定了失业保险条例的缴费主体、享受主体，但是并未强调用人单位应当为员工及时缴纳失业保险费的是用人单位的法定义务，失业保险是国家基于保障失业人群基本生活、促进再就业、为再就业提供过渡的重要手段，衔接该制度与劳动者的重要中介就是用人单位，只有用人单位履行了按时为劳动者缴纳失业保险费用的法定义务，才能有劳动者失业后享受失业保险的基础，并且在劳动者失业后办理失业保险，多会查阅《失业保险条例》，但在该文件中并未强调用人单位应当为其按时缴纳保险费用的规定，因此应当强调用人单位应当为劳动者按时足额缴纳失业保险金的法定义务，离职后按时为失业人员提供相关证明，办理相关转移手续，从而疏导失业人员与企业之间的关系。

3. 完善应对重大公共卫生事件的相关规定

失业保险覆盖范围小，一直受到学术界的批评。在 2017 年公布的《失业保险条例（修订）》草案中，"城市"的范围已扩大到"城乡"。此外，农民工和应届毕业生等群体也引起了学术界和社会的关注。

考虑到社会高速发展，新的、灵活的就业形势不断增加，新型劳动者的社会保障也需要跟上脚步，把新型工作者纳入失业保险法律制度的保障范围内，建立多层次的失业保险法律制度是刻不容缓的。建立健全新的失业保险制度和灵活的在职专业人员失业保险制度，不仅有效保障了他们的基本生活，而且促进和支持了多元化、灵活的就业，增强了劳动力市场的灵活性，促进了劳动力市场的动态平衡。

# 第二节　保险合同法律制度

## 一、保险合同概述

合同也称"契约"，是指当事人之间有关确立、变更和终止民事法律关系的一种协议。事实上，保险合同是合同的一种，是保险与投保人之间有关承担风险的一种民事法律关系。根据保险合同，投保人要向保险人交付约定的保险费用，保险人则要在约定的保险实务发生或约定的人身保险事件出现时，履行给付保险赔偿或保险金的义务。该定义是就自愿保险而言的，但在该定义中除自愿协商这一因素外，其他的基本适用于强制保险。

保险合同始终是有偿的。但从投保人所获得的保障看，保险合同具有两种性质：补偿性和给付性。对于补偿性的保险合同，一旦被保险人遭受投保范围中包括的一定损失，保险人就要在事故发生后给予赔偿。补偿性合同囊括各种财产保险合同。对于给付性的保险合同，一旦被保险人遭受了合同中订明的事故，保险人就要履行给付的义务。

### 二、保险合同订立的基本程序

作为一种商事合同，保险合同订立的基本条件为：双方当事人要在意思自治的基础上达成共识。但是，在双方达成共识的基础上，保险合同又有着一定的特点。通常而言，保险合同的订立程序主要涉及如下方面：

#### （一）保险人提出保险要求

投保人提出保险要求，这一环节就是做出订立保险合同的要约。投保人通常包括有民事权利能力与行为能力的法人、自然人及其他组织。保险人既可以是经营主体，又可以是非经营主体。保险人提出的一些保险要求是以订立合同为目的的意思表示，其方式有很多种，如发投保函、填投保单、电话沟通或当面接洽等。

#### （二）保险人同意承保

投保人同意承保，此一环节即作出订立保险合同的承诺。保险人向投保人提出一些保险要求，经过逐一审查，愿意接受投保人的保险要求并表示同意的，就说明保险人同意投保人所提的要约条件。从理论上讲，一旦保险人表示同意并给出承诺，合同就为成立。同意承保的方式也有很多种，如保险人用言词或书信表示同意，或是保险人将保险费收据交付投保人表示同意等。

（三）保险人与投保人就合同条款达成协议

通常而言，订立保险合同的过程也就是投保人与保险人就保险合同中的条款不断进行协商的过程。只有投保人与保险人双方就意见达成共识，并做出意思表示，保险合同才依法成立。

（四）投保单、保险单或其他保险凭证是大多数保险合同订立的必要形式

大多数保险合同的定义都要以投保人填写投保单的形式来表示。因此，保险合同成立的证明文件多为保险单及其他保险凭证或文件等。

投保单也称"要保书""投保书"，是投保人向保险人申请订立保险合同的一种要约。一般而言，投保单需要由保险人事先制作好，并印制成标准的格式。保险单要包括与保险当事人及保险标的相关条目，具体条款一般不需印制。

保险单简称"保单"，是保险双方当事人就保险合同条款达成共识之后，保险人向投保人签发的证明保险合同成立的一种正式的书面凭证。保单中要包括保险合同的全部内容。当保险合同成立以后，保单就是投保人与保险人权利、义务的重要依据，也是事故发生之后被保险人、受益人获得赔偿的主要凭证。①

### 三、保险合同的履行

（一）通知与索赔

1. 通知保险人

当投保人、被保人获知发生了保险事故时，必须立即通知保险人，以便能对损失现场和事故发生的原因等做及时的调查。

---

① 范健．商法（第4版）[M]．北京：高等教育出版社，2011：483-484．

### 2. 提交相关证明文件

当保险事故发生以后，投保人或受益人若要根据保险合同请求保险人赔偿或给付保险金时，必须向保险人提供和确认保险事故的性质、原因、损失情况等相关证明和材料。保险人根据保险合同中的有关约定，认为被保险人或受益人提供的有关文件或资料不完整的，就要通知投保人或受益人补充相关文件或材料。

### 3. 提出索赔

被保险人或受益人应该及时地向保险人提出索赔要求。索赔的时效通常有两种：一是人寿保险的被保险人或受益人行使保险金给付请求权的诉讼时效期限是 5 年；二是人寿保险以外的其他保险的被保险人或受益人行使保险金赔偿或给付请求权的诉讼时效是 2 年，超出了索赔时效的请求是不受法律保护的。

## （二）理赔

### 1. 理赔的法律性质

当保险人收到被保险人或受益人的赔偿或给付请求之后，要及时进行核定，对于属于保险责任的，在与被保险人或受益人达成相关赔偿或给付金额的协议之后的 10 日内，履行赔偿或给付保险金义务。保险合同对保险金额及赔偿或给付期限有约定的，保险人要依照保险合同的相关约定，履行赔偿或给付保险金的义务。

### 2. 先予支付

所谓先予支付，即保险人从收到赔偿或给付保险金的请求与相关证明、资料起的 60 日之内，对保险事故赔偿或给付保险金的数额无法确定的，要根据已有的证明、资料可以确定的最低数额先进行支付，待最终确定赔偿或给付保险金额之和，保险人要支付差额。

### 3. 拒绝理赔

所谓拒绝理赔，即保险人受到保险人或受益人的赔偿或给付保险金请求之后，对不属于保险责任范围的，要向被保险人或受益人发出拒绝赔偿或拒绝给付的通知书。

### 4. 违反理赔义务的责任

对于保险人没有及时履行理赔义务的，除了支付保险金之外，还要赔偿被保险人或受益人因此而遭受的损失，如利息、诉讼费、差旅费、联络费等。①

【案例分析】

案例一：人身保险合同效力认定案

王华，男，29 岁，1990 年 8 月投保 10 年期简易人身保险 5 份，保额为 740 元，指定受益人为妻子张敏。自 1991 年 5 月起他停止交纳保险费，保险单自动失效。1992 年 9 月，经医院检查，确认王华患癌症。1993 年 1 月，王华向保险公司申请复效，在填写复效申请书时，王华在"被保险人健康状况"一栏填写"健康"。经补交失效期间的保险费和利息后，保险单恢复效力，同年 12 月，王华死于肝癌。其妻到保险公司申请领取保险金。

分析：王华在 1992 年 9 月被确诊为肝癌，在复效时隐瞒了这一事实，保险公司可以此为理由拒绝给付保险金。这是一起关于人身保险合同效力问题的案件。《简易人身保险条款》第 16 条规定，在保险单失效后两年内，如果被保险人身体健康并能正常劳动和工作，可以申请复效。在经保险人同意并由投保人补交失效期间的保险费和利息后，保险单恢复效力。在本案中，王华在明知自己已患有癌症的情况下再申请复效，显然已不符合复效条件。保险公司同意复效，是由于王华隐瞒了真实情况。如实填报被保险人健康状况是其义务，如有隐瞒或欺骗等事，保险公司不负责任。据此，保险公司完全有理由拒绝承担给付责任。

案例二：意外伤害保险责任范围确定案

赵协和，某公司经理，男，36 岁。该公司向保险公司投保了团体人身意外伤害保险，保险期限自 1995 年 3 月 9 日至 1996 年 3 月 8 日，保险金额 5000 元，赵协和指定其妻为受益人，1995 年 3 月 28 日，赵协和开车出了事故，造成锁骨和左肋骨骨折，随即住院治疗。

此案由对方车主负全部责任，赔偿赵协和 1000 元，并且依团体保险合同，保险公司按规定仍应给付保险金。鉴于赵协和尚在治疗中，保险

---

① 王卫国. 商法（第 2 版）［M］. 北京：中央广播电视大学出版社，2008：333-334.

公司欲待赵协和治疗结束后再视其伤残程度给付保险金的具体数额。

赵协和在治疗过程中，于 1996 年 2 月 16 日死于医院。医院于 2 月 18 日对尸体进行了解剖鉴定，结论为"死亡的直接原因是急性心肌梗死，肾衰竭"。

赵协和死后，其妻依据《意外伤害条款》中关于"因意外伤害致死的，给付保险金额全数"的规定，要求保险公司给付保险金 5000 元。而保险公司认为，被保险人赵协和是属于急性心肌梗死致死，即死亡的直接原因是疾病，而非意外伤害引起。意外伤害造成的只不过是锁骨、左肋骨骨折的后果。按规定，应分别给付保险金额的 10%，即（5000 元×10%）×2，计 1000 元。双方争执不下。

分析：这是一起认定保险责任范围问题的案件。此案中，赵协和的意外伤害只与残废之间有因果关系，与死亡之间无因果关系。赵协和所患的心肌梗死并非由于意外伤害所致，仅是被保险人意外伤害后介入的一个独立因素，这一因素直接造成了被保险人死亡。故保险公司不能按被保险人因意外伤害致死给付 5000 元保险金。

赵协和因遭受意外伤害造成锁骨和左肋骨骨折，按照处理赔案的一般程序，应待被保险人治疗结束后视其伤残程度即丧失身体机能、畸形、运动障碍的程度给付保险金。由于赵协和治疗尚未结束就已死亡，应推定为该两部位骨折不能治愈，按肋骨和锁骨显著畸形给付保险金，即给付保险金额的 20%，计 1000 元。

# 第三节　保险业法

## 一、保险公司的设立和业务

保险公司即经中国银行保险监督管理委员会批准，符合法定的资本条件、从业人员条件及其他条件，按照法定程序登记成立的企业法人。保险公司的设立及业务范围都是有相关条件和范围的，下面主要就这两个问题展开探究。

（一）保险公司设立的条件及程序

1. 保险公司设立的条件

（1）得到监管部门的批准。

我国的保险法规定，保险公司应该采取股份有限公司或国有独资公司的形式。

（2）有一定的资本条件。

保险公司为了确保其赔付能力，需要具备一定的资本金条件。对于全国性的保险公司，实收货币资本金不能低于 5 亿元。对于区域性的保险公司，实收货币资金不可低于 2 亿元。对于一些分公司，其营运资金不可低于 5000 万元。保险公司成立之后必须按照其注册资本金总额的20%提取保证金，存入中国银行保险监督管理委员会所指定的银行。这些保证金除了用于清偿债务，没有中国银行保险监督管理委员会的批准，不可擅自动用。

（3）从业人员需要具备一定条件。

保险公司的董事长、总经理和高管人员必须符合中国银行保险监督管理委员会规定的任职资格。设立经营寿险业务的全国性的保险公司，至少有 3 名经中国银行保险监督管理委员会认可的精算人员。经营寿险业务的区域性保险公司，至少有 1 名经中国银行保险监督管理委员会认可的精算人员。

（4）中国银行保险监督管理委员会要求具备的其他条件。①

2. 保险公司设立的程序

要设立保险公司，必须向国务院保险监督管理机构提出书面申请，并提交如下材料：

（1）设立申请书，并载明拟设立的保险公司的名称、注册资本、业务范围等。

（2）研究报告。

（3）筹建方案。

（4）营业执照或其他相关背景资料，由会计师事务所审计的上一年

---

① 王卫国．商法（第 2 版）［M］．北京：中央广播电视大学出版社，2008：349-350.

度的财务会计报告。

（5）获投资人认可的筹备组负责人和拟任董事长、经理名单及本人认可证明。

（6）国务院保险监督管理机构要求提供的其他材料。[①]

（二）保险公司的主要业务

人身保险，主要包括如下业务：

（1）个人意外伤害险。

（2）个人定期死亡险。

（3）个人两全寿险。

（4）个人终身寿险。

（5）个人年金保险。

（6）个人短期健康险。

（7）个人长期健康险。

（8）团体意外伤害险。

（9）团体定期寿险。

（10）团体终身险。

（11）团体年金险。

（12）团体短期健康险。

（13）团体长期健康险。

（14）中国银行保险监督管理委员会批准的其保险业务。

（15）上述保险业务的再保险业务。财产保险，主要包括如下业务：

1）企业财产损失险。

2）家庭财产损失险。

3）建筑工程险。

4）安装工程险。

5）货物运输险。

6）机动车辆险。

7）船舶险。

8）飞机险。

---

① 范健，王建文．商法学（第4版）［M］．北京：法律出版社，2015：493．

9）航天险。

10）核电站险。

11）能源险。

12）法定责任险。

13）一般责任险。

14）保证险。

15）信用险。

16）种植业险。

17）养殖业险。

18）中国银行保险监督管理委员会的其他保险业务。

19）上述保险业务的再保险业务。再保险，主要包括如下业务：

①接受人身保险公司的再保险分出业务。

②接受财产保险公司的再保险分出业务。

③中国银行保险监督委员会批准接受境内保险公司的法定分保业务。

④办理转分保业务。

⑤精英国际再保险业务。

## 二、保险公司偿付能力的管理规则

保险公司的偿付能力即保险公司承担保险责任，履行赔偿或给付保险金义务的能力。为了确保保险公司有足够的偿付能力来承担赔偿或保险金给付的责任，使其可以稳健经营，保护股东与债权人的利益，各国保险法均对保险公司的偿付能力管理作了规定。

## 三、保险公司滥用上诉权的规制

（一）保险公司滥用上诉权的成因

保险公司滥用上诉权作为民事诉讼中当事人滥用上诉权的下位概念，其出现的原因既有与民事诉讼中当事人滥用上诉权的共通性原因，又有其独有的特殊原因，以下将分而述之。

1. 保险公司滥用上诉权的共通性成因

（1）上诉条件宽松。

上诉程序的提起是整个上诉程序非常关键的环节，它直接决定了上诉案件的数量和质量，也关系到上诉审制度目的和效果能否实现。

根据我国《民事诉讼法》及其司法解释的规定，当事人提起上诉需要满足下列条件：上诉人必须为一审当事人；上诉的对象只能是一审的判决或裁定；必须在法定的期限内提出上诉；必须以书面的形式提起上诉。

从上述规定来看，当前在我国提起上诉的要求非常简单，法律对于当事人行使上诉权没有任何实质要件限制，上诉权基本上被认为是一种当然性的权利，只要当事人对于一审的裁判结果不服，就可以提起上诉。

不对当事人行使上诉权进行实质性限制的做法从1982年我国第一部《民事诉讼法》就出现并一直保留到了现在，这样的设置是我国重视保障当事人程序权利的体现，但是在当事人的程序权利得到保障的同时，也会由很多当事人出于各种非正当目的利用宽松的上诉条件，任意提起上诉，造成滥用上诉权的局面，而保险公司滥用上诉权就是其中一例。

（2）法院角色缺位。

保险公司等当事人出于各种非正当目的能够滥用上诉权的原因，除当前我国《民事诉讼法》上诉条件宽松外，法院未能有效引导当事人正确行使上诉权以及制止当事人滥用上诉权也是其中之一。当前我国民事诉讼的审级制度采取的是四级两审终审制，二审的目的除纠正一审的错误，保证法律适用正确外，还要保障法律适用和解释的统一，维护法律的权威。但是在实务中由于上诉条件的宽松，给很多如保险公司一类的上诉人提供了可以滥用上诉权的外部条件，滥用上诉权行为既是对一审的轻视，也弱化了一审的功能和价值。

在无法依靠保险公司等当事人的"自觉"来防止滥用上诉权现象时，就需要法院通过外力来拘束保险公司等当事人正确行使上诉权，但这也正是我国民事诉讼实务中所缺少的。

首先，实务中一审法院在查明案件事实，作出裁判结果后，通常只会询问保险公司等当事人对裁判结果是否有异议，并向当事人宣布提起上诉的条件，而并不会向保险公司等当事人进行充分的说理，或者在保险公司等当事人提出要提起上诉后，一审法官也不会主动询问提起上诉的理由，更不会对无理的上诉进行引导和驳斥，这样只会加剧保险公司等滥用上诉权者对一审的轻视。

其次，世界很多国家和地区都会设置上诉审查许可制度，通过赋予法院上诉审查许可权来制约当事人的上诉权，实现对滥用上诉权的规制和一审裁判权威性的增强。出现这种差异的原因在于我国司法传统将上诉权理解为诉权的一种体现，从诉权的角度论证上诉权的性质，在将诉权作为基本权利的同时，将上诉权也定义为一种不可剥夺的权利，而在域外则认为上诉权并不是不受任何限制地对世权，它也必须要受到程序公正、平等和效率的制约。

我国对于上诉权理解得偏差就导致了法院审判权与当事人上诉权之间相互制约关系的失衡，法院没有权力在保险公司等当事人意图利用上诉权实现不正当目的时将其挡在二审程序之外，造成了上诉权的滥用。

### 2. 保险公司滥用上诉权的独特性成因

目前，国内学界对滥用上诉权的研究成果颇为丰富，但是并未对滥用上诉权的主体身份加以区分，保险公司滥用上诉权与普通主体滥用上诉权之间存在共性原因，但这并不足以囊括保险公司滥用上诉权的全部原因，以下将对其特殊原因进行分析：

（1）成本低廉。

保险公司敢于滥用上诉权的重要原因之一是其滥用上诉权的成本很低，通过很低的成本可以换取更高的收益，这种低成本主要表现在以下三个方面：

首先，上诉费用和律师费等上诉成本低。根据国务院颁布的《诉讼费用交纳办法》第13条、第17条的规定，财产案件标的额在50万元以下的所需要交纳的上诉费用最多为8800元，相较于案件的标的额而言可谓九牛一毛。保险公司提起上诉的保险纠纷案件大部分在50万元以下，所以保险公司丝毫不会在意提起上诉所需交纳的上诉费。此外，绝大部分保险公司内部设有法务部门，并且还会聘请专职律师或者律师事务所作为公司的法律顾问，在保险公司提起上诉后，二审中公司的法务人员出庭不需要另行支付出庭费用，而即使是顾问律师出庭也只需支付很低的出庭费用，这部分支出对于保险公司来说几乎可以忽略不计。由此可见，保险公司提起上诉后需要支付的上诉费和律师费这两项主要的上诉经济成本十分低廉，这使得其在滥用上诉权时几乎不需要承担任何经济压力。

其次，缺乏有效制裁，保险公司滥用上诉权却无须承担任何法律责任。任何权利的行使都不应当是不加限制的，若权利出现滥用就需要制裁滥用权力者从而保护权利滥用的受害者。虽然我国《民事诉讼法》第115条规定了当事人恶意诉讼行为的法律责任，但是没有明确规定滥用上诉权的行为是否属于恶意诉讼行为，学术界目前对此也存在争议。这也就意味着保险公司等滥用上诉权者出于不正当目的提起上诉不需要担心承担任何法律责任，不需要面临任何制裁，这也在客观上促使和纵容了保险公司滥用上诉权。

最后，保险公司无须就其滥用上诉权行为给对方当事人带来的损害后果承担赔偿责任。我国法律目前并没有规定如何保护保险公司滥用上诉权案件中的受害者，法院仅能对受害者做出胜诉的肯定性评价，受害者却没有办法向保险公司要求赔偿滥用上诉权给自己带来的损失。保险公司在滥用上诉权侵害对方当事人合法权益后，却不需承担对方向自己追偿的风险，也是其肆意提起上诉的原因之一。

（2）最大化逐利。

对经济利益的追逐是资本运作的目的，尽管我国规模较大的保险公司大多属于国有企业或国有参股企业，但是其作为股份制金融机构，独立经营，自负盈亏，追求经济利益仍是其本质，所以保险公司的商业性质要求其做出任何行为都要以经济利益为首要考量因素，滥用上诉权行为也不例外。

第一，保险公司滥用上诉权可减少保险赔付支出。保险公司的实际盈利主要来自保费、投资收入与成本支出之差两部分，其中保险公司的成本支出主要包括公司日常运营支出、保单价值利息支出、保险赔付支出等，其中日常运营成本和保单价值利息支出是固定必需支出，但是保险赔付支出却存在很大的不确定性。在绝大多数的保险纠纷当中，投保人等对方当事人由于保险事故或疾病等原因都迫切需要拿到赔付救急，而保险公司则可以利用对方当事人的这种心理，通过滥用上诉权拖延诉讼，迫使对方当事人接受和解或调解，从而减少保险赔付支出。

第二，保险公司利用滥用上诉权拖延赔付的时间，可通过资本运作获得收益。保险公司投资收入的方式包括购买各类债券、股票等合理投资以及存入银行获得定期收益。根据《民事诉讼法》的规定，除特殊情况外，一审民事案件的审理期限为自立案之日起6个月，二审的审理期限为自立案之日起 3 个月，在审理期间保险公司不需要支付保险赔偿金，那么其可以在这段时间利用这部分保险赔偿金进行资本运作以获得收益。

（3）利用强势地位。

保险公司能够滥用上诉权的另一个特殊原因在于利用了其在保险纠纷中的强势地位。

第一，保险公司在经济实力方面相较于对方当事人处于强势地位，保险公司作为商业性质的金融机构，其经济实力无需多说，同样的诉讼费用对保险公司来说微不足道，但是对绝大多数对方当事人来说是不容忽视的。以律师费为例，对方当事人需要为支付律师费等费用而承担较大的经济压力，但是保险公司由于其内设法务部门或外聘专职律师，则无此压力。

第二，民事纠纷的主体是选择诉讼还是和解往往是通过其两种方式的成本、风险和收益进行比较后做出的，而保险公司强势的最后一种表现是相对于对方当事人的弱势而言的。

保险公司相较于对方当事人所拥有的强势地位使其能够经受住二审程序的消耗，这种消耗既表现在经济上也表现在时间上。但是对于保险纠纷的索赔方而言，其承担的二审程序的诉讼成本压力是远远大于保险公司的，这样的成本压力也表现在经济上和时间上。

以保险纠纷案件中的交通事故保险纠纷为例，交通事故保险纠纷中的交通事故的受害人几乎都是非死即伤的状况，受害人及其家属急需保险赔偿金以支付巨额医疗费等支出，他们既无法承担二审的诉讼成本支出，也没有多余的时间可以消耗。在这样的情况下对方当事人为了更早地拿到赔付，不得不降低保险赔偿金而选择与保险公司和解或调解，这样也就达成了保险公司提起上诉最根本的目的——减少赔付。

（4）内控失当。

造成保险公司滥用上诉权的另一个重要原因在于保险公司内部的不合理规定。随着我国保险行业的发展，保险公司为了防止出现骗保或错误赔付的情况，设立了复杂的理赔程序，包括立案勘察、审核证明和资料、核定保险责任等多个环节。同时，在其内部也建立了相应的考核追责机制，如要求分支机构的某项业务赔付率不能超过一定的比率，理赔率过高则考核不合格。

通过合理手段，如在签订合同前通过对投保人状况进行更周密审查等来降低理赔率，这样的考核机制是没有问题的。但若在内部规定，出现应当上诉而未上诉案件或者错赔、失误赔，则将会对具体经办人员追责，并且对滥用上诉权行为视而不见或默许纵容的话。这样的考核机制，实质上会通过考核和追责的压力，促使保险纠纷案件的具体经办人员也会选择尽量提起上诉。有的保险公司内部规定凡是可以上诉的案件都要提起上诉，个别保险公司甚至有某一类保险纠纷案件必须上诉的规定。

以上几类规定说明某些保险公司无视一审裁判结果的正确性，一味追求上诉，既是对司法权威的不尊重，又表现了其对滥用上诉权的放任态度，这些不合理的内部规定是造成保险公司滥用上诉权的重要原因之一。

## （二）保险公司滥用上诉权规制的必要性

规制保险公司滥用上诉权前，需首先了解保险公司滥用上诉权会带来哪些危害，明晰为何要对其进行规制，在理论上明确对其采取措施的必要性，才能指导实务中采取更有效更有针对性的措施。对此，可以遵循由民事诉讼法内部到保险行业外部的逻辑顺序，从民事诉讼上诉制度、司法资源的分配正义、诚信原则这三个层面进行论证。

### 1. 尊重民事诉讼上诉制度价值追求

我国《民事诉讼法》对于提起上诉条件的规定比较宽松，这是我国重视保障当事人基本诉权的体现。其原因在于我国 20 世纪 70 年代末以来推进以市场化、法治化为价值取向的全方位社会改革，在立法、执法、司法的指导思想上也开始注重个人权利保护，而民事上诉制度也更加注重纠正一审裁判的错误和实现公民权利的救济，致力于维护法制统一，因此保障当事人诉权和上诉权成为《民事诉讼法》的基本理念，设置了十分宽松的上诉条件。诉权作为公民的一种宪法性权利，也是人权的重要内容之一，宽松的上诉条件保证了当事人提起上诉的自由。但是制度可以宽松设计，却不能保证每一个当事人可以自觉地遵守，保险公司滥用上诉权就是利用了宽松的上诉条件。

通过上文可知，民事诉讼法中设置上诉制度的目的和功能包括纠正一审的错误裁判，为遭受错误裁判的当事人提供救济以及对一审法院进行监督，维护司法公正和权威，而这些目的和功能也体现了上诉制度对于秩序、公正、自由、人权、效益等基本价值的追求。保险公司滥用上诉权则是利用了宽松的上诉权条件，使上诉制度无法实现这些价值追求。

首先，保险公司等当事人随意地、不恰当地提起上诉，破坏上诉秩序，使上诉制度无法充分实现法律的秩序价值。

其次，保险公司滥用上诉权会占用大量的司法资源，但实际上通过保险公司上诉案件的高维持率可以看出，这部分案件的二审实际上就是对一审的重复，所以这部分司法资源实际上是被浪费了；同时其所占用的司法资源本应及时公正分配给其他真正有价值的案件，保险公司滥用上诉权也破坏了司法资源的公正分配，影响了法律公正价值的实现。

再次，保险公司滥用上诉权增加了法院和对方当事人的诉累，造成案件不能及时结案，致使法律的效益价值不能实现。所以，从实现上诉制度的价值追求角度出发，为了更好地实现上诉制度的程序经济、纠错、消解不满、统一法制和发展法律的功能，也应当对保险公司滥用上诉权进行规制。

最后，保险公司滥用上诉权打破了民事诉讼制度中公正与效益价值的平衡。在所有的价值中，公正与效益价值是民事诉讼制度最为重要的价值追求，这两者对一国民事诉讼的制度设计起到了决定性作用，其直接影响着制度本身的运行和运行者的行为选择，实现两者之间的平衡，对于民事诉讼制度的合理有效运行至关重要。

上诉制度为当事人提供了上诉救济的机会，提高了实现公正审判的可能性，也致力于满足当事人对于公正裁判的渴求。但是如保险公司般不加限制地提起上诉，必然影响效益价值的实现。因为二审要纠正一审裁判的错误结果必然要投入一定的司法资源，如果一审确有错误那么二审消耗的司法资源是值得的，但是如果一审本身并无错误，或者错误很小而与投入的司法资源不相称，那么实际上是将有限的司法资源浪费在无谓上诉中。

表面上公正地维护了保险公司的合法上诉权，实质上是对双方当事人合法权益的侵犯，在这样的情况下，二审实际上牺牲了一审胜诉者的利益而去选择救济败诉者的利益。保险公司滥用上诉权不仅打破了上诉制度中公正与效益的平衡，更使这两大价值无一者可以实现，所以有效规制保险公司滥用上诉权有助于实现上诉制度对于公正和效益价值追求。

**2. 维护司法资源的分配正义**

（1）节约司法资源的客观需要。

"资源"一词作为经济学概念，部分经济学家认为法律所有的制度和规则的运行都会给当事人和社会带来收益和成本。总的来说，司法资源是为了实现司法功能，全社会所投入的人、财、物等有形资源和时间、精力等无形资源，司法资源作为国家所有的一种资源其总量是有限的，不同国家乃至同一国家的不同地区之间的司法资源总量也存在差异。根据 2021 年的《最高人民法院工作报告》，2020 年我国地方各级人民法院和专门法院受理案件达到了惊人的 3080.5 万件，全国法院人均办案 225件。而我国各级人民法院总数也不过 3600 多家，相当于 2022 年每家人民法院平均受理了 8500 多件案件，多年来"案多人少"一直是困扰我国各级人民法院的一个难题，其已经从过去的次要矛盾和局部矛盾上升为我国司法的一对基本矛盾。

由此可见，我国的司法资源存在明显的供不应求的问题。上诉制度作为国家用于解决民事纠纷的、为当事人提供救济以及纠正一审错误裁判的司法公共服务产品，也属于一种司法资源。当保险公司滥用上诉权过度占用有限的上诉资源时，就意味着相当一部分其他当事人的上诉请求无法得到及时的处理。越来越多真正要上诉法院及时处理的案件不能及时得到处理，由此而增加的时间成本将会让这部分案件的当事人在提起上诉时有更多的顾虑，这样就会使很多真正需要上诉法院及时处理的案件越来越少地出现在上诉法院面前，就会出现类似"劣币驱逐良币"的现象。长此以往，将使上诉审的功能出现异化，使上诉制度成为实现滥用上诉权者实现不正当目的的手段。

此外，保险公司滥用上诉权意味着其不恰当、不正确地行使了上诉权，但是依照当下我国《民事诉讼法》关于上诉制度的规定，保险公司在提起上诉时，法院无从得知其是不是恰当、正确地行使上诉权，只有在经过审理之后才会产生结论，那么法院这部分本应用在其他恰当、正确行使上诉权当事人身上的司法资源就被浪费在了滥用上诉权的保险公司身上。更何况，保险公司上诉案件多年来保持着非常高的维持原判率，证明这部分的保险公司上诉案件实质上只是对一审的重复，是对上诉资源的极大浪费，应当进行规制以节约有限的司法资源。

（2）维护分配正义的必然选择。

公正作为法律的基本价值追求，也要求法律必须平等地对待每一个公民，不能因为保险公司等当事人的经济实力强就牺牲其他当事人本应分配的司法资源来对其优先照顾。但是保险公司滥用上诉权不仅破坏了分配正义，而且阻碍了法治的实现。因为其在滥用上诉权时所浪费的司法资源本应公正地分配给其他公民。例如，每名法官的办案精力是有限的，保险公司滥用上诉权案件占用了其中一部分精力，这部分精力本可以用于处理其他更有价值的案件。

所以在司法资源有限的情况下，分配正义要求首先必须坚持司法资源在各类当事人之间平等分配这一大前提，同时还需要根据每个案件的复杂程度以及价值大小对具体的司法资源分配量进行调解；此外，分配也不能受到当事人的经济实力等案件外部情况的影响；法院作为司法资源的掌控者，不应当仅局限于查明案件事实，作出正确裁判，还需要作为分配的责任承担者，对司法资源进行公平合理的分配。所以保险公司滥用上诉权是对分配正义的破坏，对其进行规制是维护分配正义的必然选择。

3. 诚信原则的要求

我国《民事诉讼法》第 13 条规定"民事诉讼应当遵循诚信原则"。诚信原则即诚实信用原则，起源于罗马法中的"一般恶意抗辩""诚信契约制度"。最初作为道德领域的一项要求和标准，诚实信用原则体现了对善良风俗的追求，其道德因素的成分占大多数，根本目的是为实现人与人、人与社会间尽可能的公正。诚实信用原则最初适用于民商法等私法领域，在生产力得到发展，商品交换、交易行为普及后，诚实信用原则作为日常行为道德准则和交易规则逐渐为公众所接受。

最初立法者在法律中引入孕育诚实信用原则的"一般恶意抗辩""诚信契约制度"，用于对法律和契约条款无法覆盖适用的商品交换关系进行兜底。工业革命促使生产力的腾飞，导致了人们之间的日益繁多的纠纷和冲突，公法不足以完全应对繁多的社会经济关系。诚实信用原则在被私法领域吸纳后表现出了很强的补充作用，随着社会公法与私法趋同倾向的加强，公法也开始借助私法领域的某些原则来弥补自身的不足，作为公法的民事诉讼法也关注到了诚实信用原则的补充作用从而将其吸纳导入。

保险公司滥用上诉权造成审理期限的延长也违反了诚实信用原则的诉讼促进义务。所谓诉讼促进义务，即要求当事人在诉讼过程中尽自己最大努力和善意推动诉讼程序的进行。而保险公司滥用上诉权之行为显然并非以善意推动诉讼程序进行，而是以各种理由提起上诉以拖延诉讼。例如，在有的案件中，保险公司所提出的上诉理由是"一审法院仅凭公估报告认定被上诉人的车损系认定事实不清，一审法院仅凭施救费发票判令上诉人赔偿施救费"，上诉后保险公司并未提出新的证据。该公估报告是保险公司在对被上诉人在一审中自行委托鉴定的报告提出异议后，一审法院另行委托具有鉴定资质的鉴定机构出具的；同时，施救费是被上诉人为减少标的物损失所支出的合理费用。该保险公司对鉴定结果反复提出异议，又以法律规定应予赔付的施救费作为上诉理由，其无理的上诉行为阻碍了诉讼程序的进行，拖延了诉讼，损害了对方当事人的合法权益。所以，基于诚实信用原则的要求，应当对保险公司滥用上诉权进行规制，但是诚实信用原则作为原则性规制措施在具体操作上存在难度，无法在规制的方式、手段、程度上明确统一标准，同时仅适用诚实信用原则时，应如何规范法官的自由裁量权也值得考量，因此需要通过具体的规定和措施来弥补诚实信用原则的不足。

此外，诚实信用原则也要求当事人不应在行使权利时毫无限制，而应有一定边界，其外延最远不应侵犯对方当事人的合法权益，也不应浪费有限的司法资源。上诉权行使的边界应当包括以下三个方面：

首先，依照法律规定的条件提起上诉。

其次，行使上诉权不得侵害对方当事人合法权益。

最后，行使上诉权不得浪费司法资源等社会利益。

保险公司滥用上诉权超越了其正当行使上诉权的权利边界，既侵犯了对方当事人的合法权益，又浪费了司法资源。民事诉讼的核心包括当事人的诉权和法院的审判权，而当事人的上诉权是诉权在上诉程序中的延伸，是当事人向法院提起上诉并期待法院能够改判纠错的权利，也是民众享有的基本权利之一。在古典自然法学理论中，权利本位的思想支持权利人行使权利不受任何限制，但没有边界地行使权利必然产生权利之间的冲突，实力强大者必然侵占弱小者的利益。

随着社会法学理论的兴起，法律保障的重心开始向社会转移，既要保证个人的权力自由同时也要兼顾社会利益，权力的行使应当存在边界，上诉权也不例外。当保险公司超越上诉权边界滥用上诉权时，就应当对其进行规制。任何权力的滥用必然会产生公共和私人两个层面的危害，保险公司滥用上诉权带来公共层面的危害包括浪费司法资源、损害司法权威、异化上诉制度的功能等，而其私人层面的危害就是侵害对方当事人的合法权益，具体而言表现在以下三个方面：

首先，保险公司滥用上诉权会增加对方当事人诉讼成本，加重对方当事人诉累，保险公司提起上诉后，对方当事人为拿到赔付不得不应诉，由此必然会增加律师费、交通费等经济成本以及因二审审理期间的时间成本，而这些成本并不会因为对方当事人最终胜诉而得到补偿，特别是对于维持原判的保险公司上诉案件，这些增加的诉讼成本实际上根本没有支出的必要，而保险公司对于其滥用上诉权给对方当事人徒增的诉讼成本却不需要承担任何赔偿责任。

其次，对于维持原判的保险公司上诉案件，对方当事人最终获得的赔付不会有任何增加，但是会因二审的进行而拖延较长时间，而一些大额赔付如交通事故保险纠纷中的第三者责任险赔偿金会产生相当可观的利息收入，但是对方当事人却会因保险公司滥用上诉权而无法及时拿到赔付失去这笔利息收入。

最后，保险公司滥用上诉权的目的之一就是拖延诉讼，实际上是利用了对方当事人急于拿到赔付的心理，很多保险纠纷案件中的对方当事人急需拿到赔付以应对保险事故给自己和家庭带来的困难，这部分当事人面对二审程序无论从经济上还是从时间上都是"耗不起"的，所以为了尽早拿到赔付，只能通过降低赔偿要求与保险公司达成和解、调解，但事实是保险公司应当按照一审的裁判数额进行赔付，由此也侵害了对方当事人对这部分赔偿的权益。保险公司滥用上诉权在侵害了对方当事人的合法权益后，会让这部分受害的当事人对保险行业和法律的公正性产生怀疑。

少量的此类情况或许不会产生太大影响，但是在保险公司滥用上诉权成为一种现象后，处于弱势地位的投保人等社会公众会逐渐丧失对保险公司和保险行业的信任，由此必然会对整个保险行业乃至金融行业的健康发展产生消极影响。虽然保险公司作为商业金融机构的本质要求其以追逐经济利益为本质，但是对于经济利益的追逐应当在合法合理的范围内进行，否则短期的小利只会不利于其长期的发展。所以无论是从保护对方当事人的私人层面还是从整个保险行业健康发展的公共层面，都应当对保险公司滥用上诉权予以规制。

（三）保险公司滥用上诉权的规制

1. 增设保险公司滥用上诉权惩罚机制

作为企业法人，保险公司不惜通过滥用上诉权的方式来拖延诉讼，其背后必然是对经济利益最大化的追逐。因此从法经济学的角度对保险公司滥用上诉权进行规制最直接的方式，就是增设惩罚机制，以增加其行为成本，减少其行为收益，消除激励其滥用上诉权的原因。增设保险公司滥用上诉权的惩罚机制可以从以下三个方面着手：

（1）将保险公司滥用上诉权列为妨害民事诉讼行为。

保险公司滥用上诉权的行为明显违背了诚实信用原则，其违背的表现为不具备上诉利益、无节制地提起上诉，希望通过上诉拖延时间，来迫使对方当事人选择与其调解或和解。对于保险公司滥用上诉权采取何种惩罚措施，域外的做法通常为对滥用上诉权的当事人进行罚款，通过增加当事人滥用上诉权行为的预期成本来达到规制效果。

法律条文的规定应当严谨，不能随意进行类推解释，所以对于保险公司滥用上诉权等行为应当作为《民事诉讼法》第 115 条的增加项或者在司法解释中列为对于第 115 条内容的解释，使惩罚有法可依。关于具体的惩罚措施，现行《民事诉讼法》第 112 条至第 115 条由轻到重规定了训诫、责令退出法庭、罚款、拘留乃至追究刑事责任五种措施。对于保险公司滥用上诉权的惩罚措施也应有所区别，具体操作可以根据其情节轻重加以区分。

由于保险公司在各地均设有分公司或子公司专门负责公司在本行政区域内的相关事宜，所以各地法院可对本行政区域内保险公司上诉情况予以记录，根据其上诉情况判断其是否存在滥用上诉权及其滥用上诉权情节的轻重。对于情节较轻者可以采取训诫方式；对于采取训诫后仍继续滥用上诉权的，应根据《民事诉讼法》第 118 条和《最高人民法院关于适用〈中华人民共和国民事诉讼法〉的解释》（以下简称《民诉法解释》）第 193 条的规定对涉案保险公司进行罚款；对于罚款后仍屡教不改的则应当对保险公司相关负责人采取拘留措施，以体现震慑作用；对于滥用上诉权严重扰乱司法秩序、严重浪费司法资源、严重侵害对方当事人合法权益者，则可由司法机关联合银保监会对相关责任人作出一段时间内或终身禁止从事保险行业的处罚。

（2）增设保险公司滥用上诉权侵权损害赔偿。

将保险公司滥用上诉权行为列为妨碍民事诉讼行为并对其进行惩治是国家以公权力对其进行规制，但是保险公司滥用上诉权同时也侵害了对方当事人的合法权益，包括对方当事人无法按时拿到赔付，增加对方当事人诉讼成本，甚至迫使对方降低索赔数额选择与其和解、调解、撤诉，这些实际权益的损害目前很难在诉讼中得到补偿。因此，在保险公司滥用上诉权案件中，应当赋予受害者以侵权损害赔偿请求权，使受害者可以就保险公司滥用上诉权给其造成的损失申请赔偿，而这就需要对保险公司滥用上诉权是否构成侵权行为进行定性。保险公司滥用上诉权侵权损害赔偿，为保险纠纷二审结束后，保险纠纷对方当事人就保险公司的滥用上诉权行为另行主张的侵权损害赔偿。这是由于部分保险公司滥用上诉权行为需于二审裁判结束后方可认定，故其侵权损害赔偿需另行主张；而若于二审过程中认定保险公司存在滥用上诉权行为，则可通过要求保险公司承担律师费等合理支出的方式，对保险公司滥用上诉权给对方当事人带来的损害进行赔偿。

第一，按照民事侵权责任的通说理论，一般民事侵权责任由侵权行为、主观过错、因果关系和损害结果四个要件组成。在保险公司滥用上诉权案件中，保险公司滥用上诉权随意提起上诉符合侵权行为这一要件的要求，其出于拖延诉讼的目的符合主观过错要求，而其滥用上诉权造成对方当事人时间成本与金钱成本的增加则符合因果关系和损害结果的要求，可见保险公司滥用上诉权的行为符合侵权责任构成要件通说。但是当前在《中华人民共和国民法典》（以下简称《民法典》）侵权责任编中，并未明确规定保险公司滥用上诉权甚至滥用诉权行为需要承担侵权责任。

第二，在保险公司滥用上诉权案件中，对于受害方遭受的损失应当如何计算。在所有的保险公司滥用上诉权的案件中，保险公司滥用上诉权后延迟支付保险赔偿金会产生相应的利息，这部分利息无疑是保险公司滥用上诉权带来的损失之一。

除上述几类补偿性损害赔偿外，也可以借鉴《中华人民共和国消费者权益保护法》中关于规制经营者行为的规定，引入惩罚性损害赔偿。因为在保险法律关系当中，投保人、被保险人、受益人与保险人之间的关系类似于消费者与经营者之间的关系，保险人向前三者提供保险服务，而出现约定事由及时赔付，是保险人之义务，惩罚性损害赔偿的震慑效果远强于补偿性损害赔偿，但由于保险公司滥用上诉权问题尚未达到食品药品安全等问题的严重程度，因此如果引入，其惩罚力度也应小于《消费者权益保护法》中规定的力度，与保险公司滥用上诉权的危害相对应。

（3）转嫁诉讼成本。

保险公司通过低微成本可以收获高收益的效果，何乐不为。相较于保险公司雄厚的实力，投保人等当事人对于诉讼成本的承受能力远不及保险公司，所以在保险公司滥用上诉权案件中的诉讼成本承担方面，应当向弱势一方的投保人等当事人倾斜。其中最重要的便是律师费，当前我国尚未制定关于律师费转付的具体规则，但实践中的需求逐渐增大，并且在实务案件中裁判律师费由败诉方承担的案件也越来越多。

首先，保险公司在与投保人等对方当事人签订保险合同时，应就因诉讼产生的律师费承担问题进行事先约定，约定内容应详尽具体，尽量避免"支付所发生的合理费用"等模糊表述。

其次，在没有约定的情况下，若二审法院在审理中查明保险公司存在滥用上诉权侵害对方当事人合法权益的行为，除应判令由保险公司承担一审、二审的全部诉讼费，也应根据对方当事人就其支出的律师费、交通费等其他诉讼费用所提交的委托代理合同、各类发票、银行转账流水等证据状况，判令由保险公司承担对方当事人的律师费等合理支出。

通过将对方当事人诉讼成本转嫁给保险公司，可增加保险公司滥用上诉权的成本，规制其滥用行为。

**2. 完善和强化民事诉讼法内部制度安排**

我国社会主义市场经济体制法治社会建设的推进刺激了民事诉讼案件的大量增长，"案多人少"已经成为我国司法的一对基本矛盾，而保险公司滥用上诉权则使矛盾进一步加剧。因此，从民事诉讼法内部针对保险公司滥用上诉权的成因需要完善和强化相应的制度安排，以实现对其规制。从保险纠纷案件的诉讼进程来看，可以采取强化小额诉讼程序适用、引入上诉利益作为上诉实质性要件、放宽先予执行适用范围三项措施。

（1）强化小额诉讼程序适用。

首先，临沂市、周口市、唐山市三家中级人民法院在 2018～2020 年审理的保险纠纷上诉案件中标的额在 20 万元以下的占到了绝大部分。而根据国家统计局发布的数据，2018～2020 年全国城镇非私营单位就业人员年平均工资分别为 82413 元、89050 元和 97379 元。可见根据《民事诉讼法》第 165 条规定的内容，大部分保险公司上诉案件从案件的标的额上是可以适用小额诉讼程序的。

其次，结合保险公司上诉案件极高地维持原判率，这部分维持原判的保险纠纷案件一审的裁判结果正确，也没有进入二审程序的必要。从案件的最终结果来看，这部分案件符合《民事诉讼法》第165条"事实清楚、权利义务关系明确"的要求。虽然保险公司提起上诉表明其单方对一审裁判结果有异议，但是保险公司提起上诉的理由几乎都是为了拖延诉讼而提出的，并没有事实根据，所以这部分维持原判的保险纠纷案件实质也符合"争议不大"的要求。

（2）引入上诉利益作为上诉实质性要件。

虽然最终没有入法，但是最终通过立法确认上诉利益作为提起上诉的实质性要件，既可以规制保险公司滥用上诉权，也符合我国新时代的法治要求。而关于上诉利益的判断标准则存在实体不服说、形式不服说和折中说三种学说。实体不服说是指上诉人提起上诉能取得较原判决更有利之判决的可能性，则上诉人有上诉利益；形式不服说是指只要原判决对于当事人的请求有所否决，则上诉人即具有上诉利益；折中说则是对原被告双方采取不同的判断标准，对原告采取形式不服说的判断标准，对被告则采取实体不服说的判断标准。

从统计数据来看，2018~2020年，临沂市、周口市、唐山市三家中级人民法院审结的所有二审保险纠纷案件中，保险公司作为上诉人的比例最低高于79.42%，而在这些案件中，保险公司上诉后的维持原判率最低高于56.14%，由此可见保险纠纷案件的二审绝大部分是由保险公司提起的，且在这些案件中保险公司在一审中的角色为被告。

在保险公司提起上诉的二审保险纠纷案件维持原判率如此之高的情况下，保险公司仍然对行使上诉权乐此不疲，可见在绝大多数情况下其提起上诉的目的并不是由于一审的裁判结果不公正，而是为了通过行使上诉权实现其不法目的。针对这种现实情况，在保险纠纷案件中，宜采用折中说的观点由法院来判断上诉人是否具有上诉利益、行使上诉权是否合法，进而决定是否启动上诉程序，对于已经启动了上诉程序的，二审法院在审查过程中若发现保险公司不具有上诉利益而提起上诉，则可以径行驳回上诉，由此，则可以使保险公司在不具备上诉利益而滥用上诉权时对其进行规制。

（3）放宽先予执行适用范围。

先予执行是指人民法院在受理案件后，作出终局判决前，根据当事人的申请依法裁定义务人预先履行一部分义务的制度。我国《民事诉讼法》第109、110条对先予执行作出了相应规定，《民诉法解释》对《民事诉讼法》第109条中"因情况紧急需要先予执行的"规定进行了解释，其中第五款为"不立即返还款项，将严重影响权利人生活和生产经营的"。

保险公司随意提起上诉的原因之一就是利用了对方当事人急需拿到保险赔偿的心理，如在人身保险合同中，被保险人突发疾病，出现"严重脓毒症、急性呼吸衰竭、急性肾功能不全、肝功能受损、重度贫血"等紧急病情，急需支付医疗费，而保险公司不仅拒赔保险金，而且在诉讼中无理提起上诉拖延诉讼。

通过提起上诉启动二审程序延迟赔付以增加对方当事人的时间成本，而对方当事人在"耗不起"的情况下，会主动选择与保险公司和解，降低索赔数额，从而更早地拿到保险赔偿以应对自身面对的紧急情况，所以将先予执行的适用范围放宽至保险公司上诉案件确有必要，但也应细化其具体操作规范。

同时，保险公司滥用上诉权提出的上诉请求通常不会对一审的裁判结果进行全部否认，而只会针对其中一部分提出异议，在这种情况下放宽对方当事人申请先予执行的条件。法院经过审查认定对方当事人符合法律规定的"不立即返还款项，将严重影响权利人生活和生产经营的"情形的，应当根据当事人的申请、上诉的具体请求和案件的具体情况，对保险公司没有提出上诉的部分先予执行，要求保险公司将其认可没有争议的赔偿款先行赔付，以及时弥补对方当事人的损失。

《民事诉讼法》第107条第二款要求法院在被申请人有履行能力时可以要求申请人提供担保，申请人不提供担保时，人民法院要驳回先予执行申请，而在保险公司滥用上诉权案件中，由于申请人大多面临经济上的困难急需保险赔偿款，所以通常难以提供担保，法院在这种情况下不应当责令申请人提供相应的担保。

### 3. 加强行业内控与诉调对接

（1）强化保险行业内部规制。

国家金融监督管理总局作为法律规定的对全国保险业进行统一监督管理的国家机构，其重要职能就是保护金融消费者的合法权益，维护金融稳定，同时对主管行业内各商业机构的不当行为进行管理规制。因此，作为行业主管部门的国家金融监督管理总局，其对于保险公司滥用上诉权的规制将更为直接，更容易直击保险公司之痛点，规制效果更为明显。

第一，从国家金融监督管理总局公布的历份《保险消费投诉情况通报》来看，国家金融监督管理总局只是对投诉的受理情况进行了统计，但是并没有统计投诉的处理情况及处理结果，缺乏对于投诉处理结果的通报，使投诉极易成为一种形式而不能发挥其真正的作用。因此，国家金融监督管理总局既应当跟进保险公司处理投诉的结果，对投诉人进行随访，并以投诉人对保险公司处理结果的满意度作为标准，对投诉人普遍反映较差的保险公司进行通报批评且向社会公开；同时也应当开通相应投诉渠道，向社会公众宣传，鼓励在保险公司滥用上诉权案件中的受害者，将保险公司在相应案件滥用上诉权的情况进行投诉。在经过调查后，综合上述两项投诉情况，对相关滥用上诉权的保险公司采取罚款、降低信用评级等方式进行处罚。

第二，国家金融监督管理总局作为行业主管部门也应当加强对行业内保险公司内部不合理规定的审查力度。对于在内部存在"凡是可以上诉的案件都要提起上诉、某一类保险纠纷案件必须上诉"等不合理规定的保险公司，银保监会应当及时勒令其废止此类规定，对于已造成严重后果者，如因拖延赔付导致对方当事人无力支付医疗费延误治疗的，应对相关保险公司和责任人员采取处罚措施。

（2）完善保险纠纷诉调对接。

针对保险公司滥用上诉权的特殊情况，要使保险纠纷诉调对接机制更好地发挥作用，还应从以下三方面入手进行完善：

第一，保险行业主管部门加强内部引导。保险纠纷诉调对接机制要促进定纷止争，需要保险公司自身作为。特别是保险公司滥用上诉权其目的本身是拖延时间，而非快速解决纠纷。因此，首先国家金融监督管理总局或保险行业组织应组织本地保险公司通过签订行业自律公约等形式，督促保险公司积极参与非诉调解，并可通过与当地法院共同对积极参与保险纠纷诉调对接工作的保险公司予以表彰和宣传的方式，形成正向激励。

在保险纠纷双方达成调解协议后，保险行业主管部门也应告知双方可及时就调解协议向人民法院申请司法确认，在保险公司临时反悔拖延时，对方当事人可以向人民法院申请强制执行。

第二，法院加强联系与支持。一方面，人民法院应对专业性保险纠纷调解组织提供人力资源和专业知识方面的支持，可通过安排专人轮值、组织调解员培训等方式提升保险纠纷调解组织专业化水平；在立案前后，也应对保险纠纷双方积极引导，促进双方当事人选择调解结案。另一方面，对于有记录不愿参与非诉调解且反复滥用上诉权的保险公司，法院

▶▶▶▶▶▶▶▶▶▶▶▶▶▶▶▶

等司法机关可以向国家金融监督管理总局等单位发送司法建议、发布典型案例等方式，促使国家金融监督管理总局等部门对涉事保险公司采取有力的内部行业规制措施，增强震慑作用。

第三，及时进行司法确认，对于经过调解达成调解协议的，无论是法院委托调解组织调解或调解组织自行调解，法院均应保证在最短时间内对调解协议依法进行审查，及时确认调解协议是否合法有效，以保护保险纠纷消费者合法权益，让其及时获得赔付解决燃眉之急。

### 四、欺诈投保与保险人撤销权

立法层面若能对保险人行使撤销权加以明确规定，将对恶意骗保行为产生很强的抑制作用，对保险人的合法权益保护起到积极作用。但也要注意到，保险人行使撤销权事实上摆脱了不可抗辩条款的限制，而保险法不可抗辩条款可以防止保险人宽承保严核保已是共识，允许保险人行使撤销权规避恶意投保行为带来的法律后果的同时也要防止保险人以此对其他善良投保人的合法权益带来损害，因此要在立法层面明确保险人对合同成立前投保人的告知内容也要及时调查，否则可能出现明知投保欺诈行为依然承保，保险事故发生后再以撤销权撤销合同拒绝承担保险责任的情形出现。

允许保险人行使撤销权，本质上是对保险人合法权益的适度倾斜保护，规制恶意投保者的骗保行为，但保险人本就在整体的保险合同关系中占据优势地位，如果不强调保险人的核保义务，可能会使其他善良投保人的合法权益遭受到不法侵害。应当认识到的是，我国保险行业仍处于初级发展阶段，保险行业整体快速发展而相应的制度保障没有及时跟上，总体秩序相对还比较混乱，现实中大量的保险人在订立保险合同时不注重核保，对于投保人的告知不予核实就承保，甚至有的保险代理人直接引导投保人带病投保，先收取保费完成保费收入指标，待到保险事故发生后再严格审核，以投保人欺诈投保为由拒绝理赔，反对保险人选择适用撤销权的一种观点也正是出自对此种现象的担忧。故在同意保险人适用撤销权的同时要更加强调保险人的核保义务，应当引导保险行业及时制定行业规范，规定保险人要在订立合同时对投保人的告知内容进行及时且充分的审核，如果对于投保人的告知行为指定医疗机构进行体检能够查明的，保险人即不应当享有撤销权，因为此时保险人明显属于明知保险风险而承保，其对保险事故的发生有清晰的预估，执意与投保人建立保险关系可以认定其为自担风险，但如果经过初步体检等方法还不能发现保险风险的存在，那么保险人需要在行使撤销权时举证证明自己已经尽到了审慎核保义务，否则仍要承担不利后果。

此外，对于保险行业从业人员尤其是为数众多的保险销售人员也要制定相应的规范，对违规销售行为加以限制或惩罚，我国目前对此方面的规定几乎为空白，保险销售人员可能同时就职于多个保险公司，为完成业绩考核指标往往会使用欺骗误导的方式，而这也对投保人欺诈骗保行为有一定的引导作用，应当借鉴日本法的优秀经验，对违规行为进行处罚，并且由保险人承担连带责任，督促保险人内部监督并规范所属从业人员的行为，避免引导性骗保事件的发生。

对于投保人是否恶意欺诈骗保，核心是对其不实告知时的主观心理状态进行判断，然而主观故意或是重大过失在司法实践中很难举证证明，因为个人的主观状态是无法直接判定的，只能通过其他方面的事实对主观认识进行推定。美国保险法律规范上对投保人或被保险人的主观恶意状态有两种判断标准，一种是通过告知义务人是否对保险人的问询事项充分掌握为判断依据，另一种是从告知义务主体对被询问事项的重要性认知角度予以判断。

美国司法实践中主审法官曾在裁判中明确指出，"故意虚假或有意误导"的标准并不需要存在故意隐瞒行为，所需的仅是投保人在保险合同订立时面对保险人的质询其对将要回答的事项已经充分掌握，至于对事实重要性的认知可以以保险人的判断为准，即一般保险人知晓此事实的真实情形后是否会做出不同的承保与否意思或适当提高保费。

此外，对重大过失的认定应当为极度缺乏一般人注意义务的情况，即类似于刑法上过于自信的过失，明知其行为有产生相应结果的可能性极大但不以为然，现今世界范围内对告知以为普遍采用主观主义，即投保人已经知晓并深信的事实应当告知，对于投保人并不知晓但客观存在的事实并无告知可能性，也不应当由其负担告知义务。

这是因为，投保人对保险人的询问事项如果充分掌握且深信不疑，此时不如实告知判定为故意没有任何问题，而对其不知情的事实状态，其当然不用也事实上不能告知，但如果该事实在一般人状态下很轻易便能知晓，投保人如果能够稍加仔细留心便能掌握，则应当判定其为重大过失，在司法实践中保险人可以对此举证加以说明。

试举一例以说明，被保险人曾因患病住院治疗，投保人明知此事项的存在，但保险人询问时却给出否定答案，这是典型的主观故意，我国司法实践中这种现象很常见，如果被保险人长期吸烟，根据一般人的认知，此时极有可能患有肺部疾病等，但保险人面对投保人询问时，却觉得无关紧要或觉得吸烟与患肺部疾病关系不是很大因此作出否定回答，此时投保人并不存在主观上的恶意，仅可以是重大过失，因其并未认识到告知事项的重要性，仅是为了能推动保险关系的快速建立而已。

# 第五章

# 票据法律制度

所谓票据，指的是无因性的完全有价证券与要式证券。从历史角度来看，票据制度的出现是因为社会商品经济的快速发展所导致的，而人们对票据制度的建立与完善又在很大程度上促进了商品经济的发展。从法律角度来看，票据法从属于商法的范畴，是以规范票据关系为对象的特殊商法形式。相对于票据的实质关系而言，票据法律关系是一种形式关系。本章就来详细研究票据法的理论与应用，首先对票据法律制度进行概述，其次探讨汇票制度、本票与支票制度，最后在此基础上介绍一些票据法的应用案例。

# 第一节　票据法概述

## 一、票据法

（一）票据法的概念

在我国，票据法随着社会的发展而得到不断完善。票据法即调整票据关系以及与票据有关的其他社会关系的法律规范的总称。[①]

从广义角度来看，票据法包括国家各项法律中有关票据内容的总和，如民法中所规定的代理；民事诉讼法中规定的票据诉讼内容；刑法中规定的伪造有价证券内容；破产法规定的票据当事人受破产宣告内容；税法中规定的票据印花税内容等。

从狭义角度来看，票据法指的是专门关于票据所建立的法律制度与规范。它不仅包括以"票据法"为名的单行法，而且包括民法典、商法典中有关票据方面规定的章节。

一般而言，人们所提及的票据法指的就是狭义角度的票据法，本章同样是从狭义角度来探讨票据法。从历史发展层面来分析可知，票据最初源自商人之间的经济往来，因而在人们眼中票据属于一项商务行为，所以世界上很多国家都将票据的相关规定撰写到商法典中，可见票据法属于商法的一个重要组成部分。不过，随着社会与经济的快速发展，现代时期很多国家都制定了专门的票据法，将其从商法中独立出来，这使票据法在立法上拥有了独立的地位。

---

[①]　范建，王建文．商法学（第 4 版）[M]．北京：法律出版社，2015：422.

（二）票据法的特征

1. 强制性

票据法虽然允许票据当事人自主设定票据相关方面的义务，但是票据法律关系的设定、消灭都必须建立在法律规定的基础上。对于票据的内容，当事人无权更改，这是由法律明确规定好的。也就是说，票据的内容不会依据票据当事人的喜好做出改动。例如，票据种类、票据行为、票据双方当事人的权利和义务等，这些在法律中都有明确、强制的规定，从而避免票据当事人做出一些任意而为的行为。

2. 技术性

为了迎合商业活动的需求，世界上很多国家的票据法都是根据票据的本质规律专门设计的，这样做的目的在于确保票据在使用过程中体现出方便、安全的特点。因此，票据法具有较强的技术性特征。

3. 国际统一性

人们制定票据法的初衷是为了服务于世界各个国家之间所开展的商务和贸易活动。随着经济全球化的快速发展，世界上各个国家所制定的票据法日益趋同。例如，《日内瓦统一汇票本票法》与《日内瓦统一支票法》就是为了迎合国际贸易而特别制定的，这两部票据法已经为世界上的很多国家所接受与认可。这体现出票据法本身所具有的国际统一性特点，票据法已经是目前世界上统一程度最高的法律体系。

**二、票据法律关系**

所谓票据法律关系，主要是指票据双方的当事人依据票据所形成的权利与义务关系。根据票据法律关系是否依赖票据本身，人们将票据法律关系分为以下两种：

（一）票据关系

所谓票据关系，指的是在票据法的规定下，基于票据当事人的票据行为而发生于票据当事人之间的，以票据金额的给付为标的的金钱上的债权债务关系。[①] 票据关系最基本的有两种：付款请求权关系、追索权关系。

我国《票据法》对票据当事人做出了这样的规定："票据当事人通常是指在票据上签字同时承担票据责任的人，如出票人、持票人、收款人、承兑人、付款人、背书人等，这些人都享有票据自身所具有的权利。"可见，票据当事人就是不仅享有票据权利，而且承担票据义务的法律关系主体。通常而言，个人可以成为票据关系的法律主体，法人可以成为票据关系的法律主体，国家在某些特殊情况下也可以成为票据关系的法律主体。票据当事人包括两种：基本当事人和非基本当事人。

（1）基本当事人。所谓基本当事人，指的是伴随出票这一行为而形成的当事人，如汇票中的出票人、付款和收款人；支票中的出票人、付款人、收款人；本票中的出票人、收款人等。基本当事人是票据法律关系中的必要主体之一，如果这种主体不存在或者不完整，那么票据法律关系就是不成立的，票据自然也是无效票据。

（2）非基本当事人。所谓非基本当事人，指的是在票据签发之后通过其他票据行为而进入票据关系的当事人，如承兑人、背书人等。

（二）非票据关系

非票据关系指的是票据的基础关系，这种关系并不是因为票据行为本身所产生的，而是在票据产生后与票据关系相对而言的一种法律关系，通常是由于法律规定而形成的。票据法设立这种关系的主要原因在于保护票据债权人的相关权利，如果票据债权人因为一些主观或者客观原因而失去票据，那么票据法会通过一些规定来弥补票据债权人的票据权利。

根据不同的法律基础，产生了两种不同的非票据关系，即以票据法为基础的非票据关系、以民法为基础的票据关系。

（1）以票据法为基础的非票据关系，这种关系是通过票据法直接给予规定的，虽然与票据行为具有一定联系，但其并不是因为票据本身所形成的法律关系。

（2）以民法为基础的非票据关系，这种关系是票据法律关系得以存

---

① 范建，王建文. 商法学（第4版）[M]. 北京：法律出版社，2015：423.

在的前提条件，人们通常将这种关系称为票据的实质关系。以民法为基础的非票据关系并不属于票据法规范的对象，主要是通过民法进行调整，因而被称为以民法为基础的非票据关系。

### 三、票据法律中的正当持票人

（一）正当持票人概念之界定

我国《票据法》《民事诉讼法》中涉及了持票人的概念，但是，对"持票人"这一名词的内涵、外延及构成要件等要素均未作规定。"持票人"的概念又涉及正当持票人、现实持票人、合法持票人、善意持票人等不同的称谓，彼此之间既有联系又有区别。

本书认为，正当持票人概念关注的是持票人取得票据的正当性，而票据是否存在瑕疵并非认定正当持票人成立的要件。比如，在失票人伪报票据丧失的情形下，受让人通过法律规定的方式取得票据，因其并非从无权处分的让与人手中受让票据，因此，其所持有的票据本身无任何瑕疵，此时该受让人也应视为正当持票人。故本书认为，正当持票人应符合以下特征：①持有票据；②依法受让；③善意且无重大过失。

1. 正当持票人与失票人

在公示催告程序之中，失票人欲实现救济，需向法院提供证据证明自己曾经持有该丧失的票据并出示票据存根等能够显示票据基本信息的证据。在实践中，只要是知道票据相关信息的人即可启动公示催告程序。因此，由于公示催告程序本身的制度缺陷，使得公示催告申请人可能是真实失票人，也可能是为获得非法利益而伪报失票的人。在票据已经灭失的情形下，不涉及票据的流转问题，不存在本书讨论的正当持票人，此时只有失票人而无正当持票人。在票据相对丧失的情形下，票据才有被提示付款或者不当处分票据权利的风险。

符合上述条件的情形，是指票据由失票人丧失后被无权处分人获得，之后流转到正当持票人手中，正当持票人是失票人的间接后手。在票据没有丧失但当事人为获得不当利益而伪报失票的情形下，伪报失票人与正当持票人并存，正当持票人是伪报失票人的直接后手。

**2. 正当持票人与现实持票人**

现实持票人是指实际持有票据的人。现实持票人并不以票据上记载其名称而定，且不一定享有票据的基本权益。我国票据法中明确规定了虽持有票据但不享有票据权利的三种情形：一是票据因欺诈等不合法手段获得；二是明知存在不合法情形，仍以恶意的心理受让票据；三是持有的票据在形式上存在瑕疵，但持有人由于重大过失而未发现。与正当持票人相比，现实持票人强调持有票据这一状态，而正当持票人强调获得票据手段的正当性，现实持票人比正当持票人的范围更加广泛。本书所要讨论的正当持票人，不仅是指现实的最后持票人，而且是在客观上符合通过交易、继承、赠与等合法手段获得票据，在主观上持善意心理状态并不存在重大过失的人。

**3. 正当持票人与善意持票人**

票据的善意取得需符合主观条件和客观条件。主观条件是指受让人在受让票据时不知晓其直接前手即让与人是无权处分人。客观条件是指受让人必须依据票据法中规定的转让方式取得票据，并支付了合理对价。因此，善意持票人符合正当持票人的条件。在恶意申请公示催告的情形下，票据受让人的直接前手并非无权处分人，其是从有权处分人手中受让票据，此时不能认定为善意持票人。但是，本书所讨论的正当持票人强调取得票据的正当性，除包括善意持票人外，还包括恶意公示催告申请情形下的票据受让人。因此，正当持票人的外延比善意持票人更加广泛。

**4. 正当持票人与合法持票人**

关于合法持票人，是指通过符合法律规定的方式持有票据的人，其取得票据的方式包括票据行为、赠与、继承等。对合法持票人而言，其应当受到法律的充分保护，其对票据权利的享有是完整而无任何瑕疵的。与正当持票人相比，合法持票人更加强调受到法律的充分保护。

正当持票人，一方面包括为获得不当利益而伪报失票的公示催告申请人的后手，其以合法手段获得形式上符合法律规定的权利完整的票据，且于公示催告程序开始之前受让该票据，因此符合合法持票人的范畴。但是，若其并未在公示催告期间内积极向法院申报权利，公示催告申请人也已经获得了除权判决，则此时票据已经被依法除权。在这种情形下，持票人手中虽占有票据，但该票据被除权后仅是一张有形物品，已无票据权利，此时正当持票人不是合法持票人，而持有除权判决、享有付款请求权的公示催告申请人才是合法持票人。

另一方面正当持票人也包括了善意地支付了对价而受让了本身存在权利瑕疵的票据的情况。若该行为发生在公示催告启动后，依据我国现行法律的规定，公示催告期间明确排除票据善意取得的适用，因此在该种情形下受让票据的人，不能享有完整的票据权利，也无法受到法律的完整保护。在此种情形下，正当持票人也不能视为合法持票人。

### （二）公示催告程序对正当持票人权利的影响

法律上设置公示催告程序的前提，是默认申请人为善意的失票人，其票据因涂销、撕裂、烧毁而灭失，或因遗失、被盗而丧失。作为民事诉讼中的一项特别程序，公示催告程序启动方式便捷，收费低、效率高，是失票人最常选择的救济方式。然而，经过多年实践后公示催告程序的漏洞逐渐显现，实务中出现了大量伪报失票、恶意启动公示催告的情形。这种情形是指，申请人并非真正的失票人，而是为了重复获得票据对价而故意申报失票；或者虽然丧失了票据，但丧失票据的原因不符合启动该程序的条件。恶意申请公示催告的情形下，正当持票人的合法权益会受到不利影响。

### 1. 公示催告期间受让票据不享有票据权利

票据作为一种支付工具，具有极强的流通性。《中华人民共和国票据法》基于此引入了民法中的善意取得制度，即只要票据受让人非因故意或重大过失而未获知票据存在权利瑕疵或其前手获得票据的手段不合法，则即使出让人的身份为无权处分人，也不影响受让人获得票据权利。

票据权利善意取得制度的确立，证明在票据的流通性与安全性都需要保护的情况下，更倾向于保护前者。并且，虽然票据善意取得制度借鉴了民法中的相关规定而制定于我国票据法之中，但二者之间存在差异。相较而言，票据权利善意取得的适用客体更为广泛。在物权法之中，对盗窃、遗失等脱离物的取得排除了善意取得的适用，但票据法中，因遗失、盗窃而丧失的票据依然可作为善意取得的对象。

由此可推知立法者认为票据属流通证券，票据流通性的保护相较于交易安全的维护有更高的需求性。这是为满足票据特殊属性的需要，也是国际上的通行做法。但是，公示催告制度却对票据权利的善意取得造成了阻却。

（1）正当持票人无票据付款请求权。

付款请求权是指持票人向票据主债务人或关系人请求按票据上所记载的金额付款的权利，也是票据上的第一次权利。依据《民事诉讼法》的相关规定，对于票款支付人而言，在公示催告程序启动之后，直至公示催告程序终结，都应当停止票据款项的支付。

票据是有价证券的一种，票据权利依附于票据的物理形态之中，票据持有人向付款人提示付款时，付款人不得拒付。然而，一旦失票人向法院申请公示催告，法院通过公示的方式向社会宣告失票情况及取得此失票后将受到的法律后果，此时即使正当持票人向支付人提示付款，也无法获得票据款项，即不享有付款请求权。

此外，公示催告程序改变了票据当事人之间的法律关系。依据《支付结算办法》的相关规定，存在委托付款关系的票据当事人是出票人与付款人，付款人应当见票即付。根据委托关系的相对性特征，付款人的支付行为并不能被非委托付款关系相对方的失票人所左右。然而，公示催告程序对这一法律关系通过公权力予以切断。

公示催告程序开始之后，无论现实持票人是善意还是恶意，也无论付款委托人对于是否支付票据款项持何种态度，当支付人收到法院的停止支付通知后，必须在第一时间停止付款。由此可见，公示催告程序的出现，在一定程度上改变了票据当事人之间的权利义务关系，目的在于尽最大可能保护失票人的利益。

（2）正当持票人无票据追索权。

公示催告程序启动后，法院依法向支付人发送止付通知，票据的现实持有人因此无法依据付款请求权从支付人处获得票据款项。

此时，正当持票人可否行使追索权，向其前手、出票人或保证人等请求支付票面金额？若正当持票人在公示催告期间向法院申报权利，利益相关人员难免会对票据的真实归属产生合理怀疑，为了避免自身承担不利法律后果，必然会拒绝承担责任。此时，正当持票人只得耗费时间与精力，通过票据诉讼的途径或依据基础法律关系来达到追索的目的。若除权判决作出之后持票人又申报权利，此时因票据已被除权，持票人自然不再享有票据权利，持票人只能申请撤销除权判决或依据基础法律关系以获得票据款项。以上种种，都使正当持票人行使票据追索权受阻。

2. 加重正当持票人负担

（1）正当持票人注意义务加重。

在商品交易过程中，票据因其自身具有的便捷性特征及无因性、文义性等特殊属性而在流通领域的应用越发频繁。为了方便票据的使用与流通，票据作为有价证券已成为见票即付的凭证。无因性是票据行为的基本特性，赋予票据无因性特征的目的是确保受让方的审核义务不断减少，同时亦是提高交易效率的重要手段。在票据无因性的前提下，票据的占有即表明票据权利的存在，原因关系的存在与否不影响票据权利的实现。

然而，公示催告期间对于票据转让效力的规定，使票据受让人必须时刻关注所受让票据是否被公示催告，这种做法与票据无因性的规定相悖，也不利于票据的流通。另外，这也增加了正当持票人时刻关注法院发布的公告并在规定时间内申报权利，随时准备加入票据诉讼的负担，增加交易成本，与商业社会经济发展的客观规律相悖。

此外，占有是动产物权的公示方式，票据作为动产的一种，受让人善意信赖持有票据的票据转让人的行为，应受到法律的保护。失票人对于票据丧失具有保管不善的过错，但是目前的制度设计将票据权利无法实现的风险转嫁给了并无重大过失的正当持票人，使得正当持票人的票据期待利益处于不确定状态，并且需要正当持票人承担关注公告的负担。与失票人相比，正当持票人承受了"不应承受之重"。

（2）正当持票人潜在风险加重。

为了重复获得票据利益，公示催告申请人可能在并未真正丧失票据的情形下伪报票据丧失，以此获得不当利益。票据因其具有票面价值而受到持有人的珍视，因此票据丧失是小概率事件。然而，以"公示催告"为关键词在中国裁判文书网中进行搜索，仅 2020 年就有 4000 多起案件，2021 年也有 2000 多起，显然从生活经验可知，其中不乏恶意申请公示催告的情形存在。恶意申请公示催告情形的存在扰乱了票据市场秩序，影响票据的使用与流通。另外，公示催告程序启动后，若持有票据的利害关系人在规定时间内申报权利，则其权利本应恢复到公示催告前的状态。

然而，依据《民事诉讼法》的相关规定，申报人也是向法院提起诉讼的主体之一。可见，公示催告程序即使终结，申报人的权利要想得到维护，也必然需要通过票据诉讼来解决。诉讼程序耗时较长，即使其胜诉，权利的实现也具有滞后性。公示催告程序开始后，法院会向支付人下达止付通知，然而，公示催告程序终结后，法律却没有规定法院向支付人下达解付通知。因此，即使申报人获得了终结公示催告的裁定书，也难以依据此法律文书要求支付人继续付款。

2015 年《民事诉讼法》的解释对公示催告期间的规定进行了修改，将公示催告期间届满日增加了限制条件。这一修改，避免了之前可能存在的失票人取得的票据权利优于失票前的情况，限制了失票人权利的扩大，然而也加重了票据持有人及欲成为票据持有人的风险。为防止公示催告程序启动造成的损失，票据持有人必须及时申报权利，票据受让人需要时刻关注公告。公示催告期间的延长，可能导致在公示催告期间票据的流转更加复杂，而正当持票人受让票据后若未及时申报权利，则只能申请撤销除权判决或依据基础法律关系向交易前手主张权利，开始漫长而复杂的索赔之路。对正当持票人施以无法取得票款的潜在风险，与商事活动讲求效率的原则相悖。

### （三）公示催告期间正当持票人处于不利地位的成因

#### 1. 失票人与正当持票人的利益冲突

从公法的角度来看，公示催告程序应该是完全中立的，程序的设计不应偏向失票人或现实持票人任何一方，然而现行制度对公示催告程序的设置却过分保障了失票人的利益。对失票人而言，其权利可以通过公示催告程序予以维护。但是，无论其出于何种原因造成的票据丢失，失票人都存在保管不当的过错。若妄图重复获得票据对价或不当对抗后手行使票据权利而伪报票据丧失，则失票人主观为恶意，其权利更不应当得到保护。公示催告程序的设计，对正当持票人而言有失公平。

另外，对于正当持票人受让了已经被公示催告的票据，本书认为并不构成重大过失。票据具有无因性、文义性的特征，因此在票据流转过程中，受让人无需审核票据转让的原因，只要票据形式上已具备法定要件，持票人即可依据票据的书面记载进行权利及义务的履行。而票据是否处于公示催告阶段，正当持票人即使尽到了普通人应有的注意义务亦无法从票据的外观中得知。因而，不能说正当持票人在公示催告期间受让票据构成重大过失。因此，失票人与正当持票人之间存在利益冲突，而公示催告程序更加注重失票人权利的维护，故正当持票人与失票人相比处于不利的地位。

### 2. 制度设计对票据行为的特殊性关注不足

票据法存在不完全等同于民法的法理依据。平等原则、公平原则是民法的基本原则，但票据法中更多地关注的是对效率价值的追求。商人进行商品交易活动是以营利为目的的，因此也推崇交易方式的迅捷和灵活。作为商法的组成部分，票据法的规范应当在保证票据交易安全性的同时，兼顾票据的流通性与灵活性。

在市场经济活动中，对票据流通追求简便、灵活、迅速地要求与票据行为追求安全的要求应当统筹兼顾。因此，票据活动具有与一般民事行为相异的特殊性质。票据在交易流转过程中表现出十分明显的流通性特征，为此在制定票据相关制度时也应以流通性为中心。在法律上，必须遵守助长流通的原则，所有与票据相关的法律内容，都是在这一基础上而产生的。

票据善意取得制度的确立，就是为了契合票据流通性特征的需求，从而使票据的独特属性得以彰显与发扬。此外，票据为无因证券，持票人只要持有了票据，即可依据票据的物理载体本身来主张票据权利，不需证明取得票据的原因，因此持票人的权利不会受到其前手及其他票据债务人的影响。另外，票据具有文义性特征，应当充分遵循票面的记载事项来进行权利的行使。这一点也与民事行为有明显区别。

通过对比民法及票据法相关条款及立法理念，在我国的民法体系构架中，当事人意思自治原则处于重要地位，无论通过书面还是口头的形式，只要是当事人的自主意思表达都会被尊重。然而票据的权利义务必须采取书面约束的方式，完全排除口头因素的变更。目前，我国公示催告的制度设计更趋同于民法的价值取向，并未将效率价值放在优先的位置，另外也无视票据流通性、无因性、文义性的特征。对票据行为特殊性关注的不足，使票据相关制度设计欠缺科学性，将正当持票人置于不利地位。

### 3. 公示催告程序适用要件存在争议

公示催告程序从国外移植而来，但借鉴来的不一定完全符合我国现实国情。目前，实践中对于公示催告程序的适用要件仍存在较大争议。如占有票据是否不必区分直接占有、间接占有？公示催告适用的主体，即"最后合法持票人"该如何认定？是否必须在票面中记载其名称？除票据权利人外，出票人、付款人等票据义务人可否成为申请公示催告的主体？又如，公示催告适用的客体是否包括空白票据？公示催告适用的原因要件，是否必须严格限定为被盗、遗失或者灭失，而不能适用于欺诈、胁迫而丧失票据的情形？公示催告申请人是否应当提供相应适宜的担保？

2015 年，民诉法解释对公示催告程序进行了一定的修改及完善，但目前的规定在许多方面仍有欠缺，立法供给尚不足以完全满足司法实践的具体需求。法官在对公示催告申请进行审查时，难免具有较强的主观性，实务中仍需法律及司法解释对公示催告程序适用的细节问题予以明确和统一。

**4. 正当持票人进入诉讼面临窘境**

（1）案件管辖不统一。

公示催告期间，若有利害关系人在法定期限内向法院申报权利，所导致的后果是公示催告程序宣告终结，但是权利申报人并不能因此向付款人主张付款，其必须继续通过诉讼程序获得票据权利。涉票据纠纷的案件管辖法院并不统一。对于票据权利纠纷案件，管辖法院为票据支付地或被告住所地法院。对于非票据权利纠纷案件，管辖法院为被告住所地法院。除权判决之诉按照票据纠纷适用普通程序审理。

票据具有很强的流通性，正当持票人所在地、票据支付地、被告住所地可能相距千里，而案件因案由不同导致管辖法院不统一无疑增加了正当持票人的诉讼成本。比如，票据已经被除权后正当持票人欲提起诉讼，此时票据权利已经不复存在，故只能提起非票据纠纷，管辖法院为被告住所地法院。

一旦被告住所地与票据支付地不在同一辖区，则此时且不说是否存在地方保护的情况，因法院之间缺乏联动性，若公示催告申请人存在恶意提起公示催告的情形，而受理法院不是同一主体，则被告住所地法院在查明真相时也存在现实的困境，加之正当持票人对恶意申请公示催告本身举证困难，也使正当持票人处于不利的境地。

（2）诉讼性质不明确。

对于除权判决撤销之诉，在司法实务中一直存在裁判困惑。通过查找相关判例，发现目前法院有两种做法：一是在票据权属确认之诉或赔偿请求之诉的判项中明确列明撤销除权判决；二是在判决说理中阐述公示催告申请人不享有票据所有权，确定真正的票据所有权人，在文书说理部分对除权判决的效力予以认定。对于正当持票人可否径行行使票据权利而向其前手进行追索，越过撤销除权判决之诉这一环节，实务中也存在分歧。

有的案件中认为，通过特别程序作出的除权判决在其他票据诉讼中不具有既判力，票据利害关系人与票据当事人之间的票据权利义务关系仍然应当根据查明的案件事实和票据法的规定进行调整，故正当持票人可在不撤销除权判决的情形下，向前手行使追索权与再追索权。而有的案件认为，票据被人民法院做除权判决的，持票人不再享有票据权利，既无权再依票据行使付款请求权，也不能向票据债务人行使追索权。

但正当持票人可以向法院另行起诉请求撤销除权判决或者确认票据权利，也可以以公示催告申报人为被告提起侵权之诉或要求申报人返还不当得利。然而，这里的诉讼性质及诉讼请求如何厘清？诉讼方式应当如何选择？无论法院还是当事人都无所适从。另外，除权判决在何种程序中被撤销，在理论界及实务界均存在分歧。除权判决撤销之诉的审理部门各地规定也不一致，有的法院划归立案庭审理，有的法院划归民庭或审监庭进行审理。究其缘由，仍在于对除权判决可被撤销这一事件的性质确定不明。

（3）公示催告期间票据转让效力规定混乱。

根据《最高人民法院关于审理票据纠纷案件若干问题的规定》第34条的规定，若在公示催告期间已经届满，而尚未作出除权判决的时间内，以质押、贴现方式转让了票据，则对该行为的有效性是持肯定态度的。质押、贴现的方式与交易方式相比，皆是票据转让行为，而以质押、贴现的方式转让是有效的。所以实践中，在公示催告程序结束、法院尚未作出除权判决的这一段时间内，若发生了票据的交易，一般认为该行为也是有效的。

然而，对相同的行为，仅仅因发生在公示催告程序的不同阶段，就使得转让的效力截然不同，法律作此规定不尽合理。针对公示催告程序因利害关系人申报权利而终结时，在此期间票据转让是否有效的认定，法律并无明确规定。主流观点认为因公示催告程序未完成，因此在此期间转让票据权利有效。然而，同一种民事行为因利害关系人是否获知法院的通知公告而出现截然相反的法律后果，在法律上难以自圆其说。

本书认为，应坚持法律认定的无效性不能因当事人意志为转移的原则，而不宜以当事人是否知晓作为转让效力的认定标准。另外，对利害关系人的权利是否加以保护，不应以取得票据的时间是在公示催告期间内还是在公示期外加以区分，而应区分其是否明知该票据为丧失之票据。

（4）对恶意申请公示催告举证困难。

恶意申请公示催告，是指票据持有人为达到非法目的而明知在票据不符合公示催告程序法定申请条件的前提下，向人民法院申请启动公示催告程序。实践中此情形的出现，既是恶意申请人无视司法秩序、违背诚实信用原则的体现，也是我国现行法律制度不完善的结果。

公示催告与诉讼程序中对事实的认定需要当事人双方进行举证质证、互相辩论的模式不同，公示催告作为一种非诉讼程序，只存在一方当事人，其对票据归属的认定也仅仅是一种推定。法院仅形式审查申请人提交的材料，只要申请人提供初步证据证明自己曾持有该票据，且能够出具该票据的副本等相关信息，则公示催告程序即可启动。

另外，公示催告案件与票据纠纷案件不同，票据纠纷案件依据票据金额缴纳案件受理费，需要提供适当的担保，但公示催告案件是按件收费（每件仅需要100元），法律也并不强制申请人提供担保或将票据提存。相比于失票诉讼，恶意申请人的违法成本远小于预期收益，代价极低。

根据调研及在中国裁判文书网中搜索到的数据可知，与票据丧失这一小概率事件相比，公示催告案件的数量及上升趋势并不正常，有的申请人在丢失很长一段时间后才申请，有的申请人甚至一次丢失几百张。可以推测，在实践中，恶意申请公示催告的比例应该很大。恶意申请人明确知晓票据的具体去向，却向法院申请公示催告。比如，已经将票据进行贴现后，为重复获得票款而恶意申请公示催告。又如，将票据合法转让后，因与后手之间发生基础交易争议，向法院申报票据丧失以使得票据受让人无法获得票款。对于票据丧失占有的原因，我国法律规定了三种情况，即被盗、遗失或灭失，不符合这三种情形而进行申请的人员应当归入恶意申请人的范畴。恶意申请公示催告的行为对票据流通性造成阻碍，同时也造成国家司法资源的浪费。

根据举证责任分配"谁主张谁举证"的原则，正当持票人需证明公示催告申请人存在恶意。但是，恶意申请人的损害过程较为隐蔽，且多数情况下正当持票人并非公示催告申请人的直接后手，很难证明恶意申请人并非真正的失票人或其不符合提起公示催告的实质要件。因此，正当持票人对恶意申请公示催告举证困难。

（四）公示催告程序中正当持票人权利救济的完善

1. 改进公示催告程序的适用

当前公示催告程序的设置，使现实的持票人、拟受让票据的人、票据付款人都承受巨大的义务，且严重损害了票据的流通性。本书认为，应当严守公示催告的要件。公示催告程序中对正当持票人权利救济困难的原因，在很大程度上在于公示催告程序本身的缺陷，使主观为恶意的申请人有获得不当利益的机会，导致公示催告案件数量激增。

因此，迫在眉睫的任务是对公示催告程序本身的问题进行完善。公示催告程序设置的目的，在于保护真实失票人的利益，使其权利恢复到失票前的状态，但该程序不具备防止票据权利侵害的功能。法院受理公示催告案件应加大审核力度，严守公示催告要件。具体来说，应从申请人主体、申请事项、申请理由是否适格，证据材料是否齐全等方面进行审查，同时应当要求公示催告申请人提供相应的担保。

（1）明确公示催告适用的主体。

对于出票人、背书人或承兑人于票据上完成法律所规定的票面记载后，若未交付票据即发生丧失的，可以提起公示催告，若已经交付，在这种情形下则没有权利申请公示催告。而且，公示催告的适格申请人与票据中的书面记载不存在必然关联性。比如，以继承、法院判决等合法方式取得票据的持票人，虽然其姓名并未在票面上体现，只要其能证明是基于法律规定而合法的持有票据，就是适格的申请人。以民法上的继受方式（如买卖、互易、赠与等）取得票据，但之后丧失票据的，是合格的公示催告申请人。

（2）明确公示催告适用的票据类型。

公示催告是失票人为防止票据丢失后继续流通导致其权益受损而采取的一种司法救济方式，票据必须是可以进行背书转让的票据。若票据为依法不可转让的票据，则即使票据落入第三人手中也无用武之地，因此不存在利害关系人，票据无法在社会中继续流通，也就没有公示催告的意义。以下三种情形下的票据不适用公示催告：第一，背书人在票据上记载了"不可转让";第二，票据在承兑或付款过程中遭到拒绝；第三，票据已经超过付款提示期限。此时，其可依据诉讼方式进行救济。此外，票据必须是绝对必要记载事项齐备且无记载瑕疵的有效票据，否则，票据无条件归于无效，即使在社会上流通也不会扰乱市场秩序。

若付款人或代理付款人未仔细审查票据的有效要件而进行了付款，那么付款人也不能受到善意付款免责的保护，应由其承担错误付款的赔偿责任。因此，此种情形下并没有申请公示催告的必要。对于空白票据而言，本书认为，空白票据实际属于未完成的票据，补记之前票据效力处于不确定的状态，也不宜适用公示催告程序。

（3）完善对票据支付人的通知程序。

票据法解释中明确规定，法院在受理公示催告申请后，应当在第一时间向付款人及代理付款人发送止付通知，但并未设置发送解付通知这一程序。上述司法解释规定了停止支付的时间至公示催告程序终结，但又规定非经法院许可不得擅自解付，否则会被认定为恶意而承担票据责任。此规定本身即存在矛盾。依据前半句，只要公示催告程序终结，即可自然解付，并不需要法院许可。但依据后半句，票款支付又必须取得法院的许可。并且依据前半句，如果公示催告的申请人就是善意的真实失票人，一旦有利害关系人向法院申报权利而导致公示催告程序终结，则利害关系人即可依据所持票据通知付款人付款，那么真正失票的公示催告申请人的权利将会落空。

因此，本书认为应当设置专门的程序，要求法院向付款人及代理付款人发送解付通知，倘若付款人或代理付款人并未收到解付通知，则其不得自主向申请人支付票款，否则将自行承担错误付款的责任。在公示催告程序中，即使程序因有人申报权利而终结，或因到期无人申报权利而终结，票据的真实归属都是不确定的状态。只有在程序终结后，申请人或权利申报人提起了票据诉讼，或法院已作出了除权判决之后，票据的权利归属才得以确定。因此，在票据诉讼结束或作出除权判决后，法院应向付款人及代理付款人发送解付通知，付款人即可将票款支付至真实票据权利人。

（4）公示催告申请人应当提供相应担保。

失票人欲恢复票据权利需提供担保是域外的通行做法。英美法系中未设置公示催告程序，失票人的救济方式为提起票据诉讼。《英国票据法》及《美国统一商法典》中均对失票人在失票诉讼中需提供担保作出了具体规定。我国台湾地区《票据法》第 19 条也对公示催告程序启动后应提供担保予以规定。在规定中，失票人即使丧失了票据，也可以先行行使自己的票据权利，即可向法院或出票人提出申请。但是想要获得出票人补签的新票据，就必须提供足够的担保，以此来保证票据再次出现时出票人不会因为已经付款而遭到损失。要求公示催告申请人提供担保可以有效防止恶意申请公示催告现象。

票据丧失作为一个小概率事件，不应出现目前实践中发生的公示催告案件受理数量畸多的现象。造成此现象的原因，在很大程度上是由于恶意申请公示催告的违法成本小于预期收益。在此情形下，为保护正当持票人的权利，可以要求申请人提供担保，之后才可以获得除权判决，请求付款人付款。如此既可以保证正当持票人不会因为除权判决的作出而遭受损失，也可以有效地限制公示催告申请人恶意申请公示催告，浪费司法资源。

对于真实的失票人而言，自己存在对票据保管不善的过错，因此要求其在申请公示催告的同时提供担保亦与其责任相适应，是应当付出的适当代价。申请人提供担保的形式应是灵活、丰富的。《美国统一商法典》第 309 条规定：对于寻求强制履行票据的人，法院在作出支持判决之前，必须首先认定，被要求付款的人已获得充分保护，不会在另一人寻求强制履行票据时受到损失。法院可以采用任何合理方式提供此种充分保护。该规定特别强调了"任何合理方式"一词，使担保的形式、种类可以不拘形式。

因此，可以借鉴该规定所倡导的理念，对担保措施进行灵活性处理，保证、抵押、质押等担保形式均可适用。此外，若在申请公示催告时必须提供物的担保，很有可能会使真正的失票人无法承担费用或难以提供本人足额财产而望而却步。因此，可以建议申请人委托保险公司为其提供担保，申请人仅需向保险公司支付担保费即可。这样既减轻了申请人的负担，又适度增加了恶意申请公示催告的违法成本。另外，若申请人可以提供足够的证据证明票据已经绝对丧失，此时票据债务人不存在重复付款的风险，因此并没有提供担保的必要。

### 2. 认可公示催告期间票据转让的效力

公示催告期间票据转让是否有效的认定，实质关系到失票人与善意取得者的利益优先保护的问题。本书认为，我国票据权利善意取得制度的确立，已经证明了虽然票据的流通性与安全性都需要保护，但是维护票据流通性应当放在更高的高度。公示催告期间适用票据的善意取得是域外的通行做法，也是票据行为根本属性的实际要求，因此应当认可公示催告期间票据转让的效力。

（1）域外的有益借鉴。

通过对大陆法系及英美法系国家关于票据丧失补救的措施进行分析可以看出，大陆法系国家对于公示催告程序的设置对我国该制度的发展产生了重大的影响与启示。国际上的通行做法认为，公示催告程序不应构成善意取得的障碍。《日内瓦统一汇票本票法公约》的签订解决了法、德两大票据法体系的冲突，基本上统一了欧洲大陆的票据法系。依据《日内瓦统一汇票本票法》第16条第2款的规定，无论票据是否处于公示催告期间，都无法对票据善意取得制度造成阻却。

在日本法中，对公示催告期间票据转让效力的认定无相关的法条规定，但其确立了票据的善意取得制度，即不论何种原因丧失票据占有者，只要持票人依背书之连续证明其自身取得票据的合法性，便不必将票据返还给失票人。日本法中对票据善意取得制度的确立，使善意持票人的利益得以有效维护。日本法对公示催告期间票据转让效力的认定在司法实践中存在争议。实际上，早在2001年，日本最高裁判所就已在判决中明确提出了自己的观点。若票据丧失后被第三人取得，只要第三人是善意的，那么即使失票人通过公示催告程序获得了除权判决，票据权利也归属于善意第三人。这一判例明晰地展现了日本司法界对公示催告期间票据转让效力的评判。

（2）贯彻无因性的要求。

从内涵上分析，所谓票据的无因性，是指不需要对票据的取得原因进行证明，即实现票据关系和原因关系的剥离。票据受让人对于其前手取得票据的原因的审查，仅负有一般的注意义务。票据自身所表现出的无因性就如同一架飞机的发动机一般，对票据的效力和原因关系之间的联系与冲突圆满解决，既维护了票据的流通性，又有利于交易安全。

依据票据行为所表现出的无因性特征，如果票据的转让行为因非法或瑕疵的原因而使得转让效力遭受质疑，那么只要票据的流转在外观上符合法律规定，就不必纠结于原因关系的有无，持票人依旧可以享有票据权利。但是按照目前法条的规定，为了防止风险的产生，通过票据进行交易的双方每次都要审查票据是否被公示催告，一方面使票据流通的便捷性受到影响，另一方面也是对票据无因性的否定。

（3）贯彻文义性的要求。

票据的文义性即票据行为的基本内容都需要以文字的方式予以记载，若出现文字表述与实际情形不相符合的情况，文字仍是确定权利义务关系的核心依据。依据文义性的要求，如果票据外观是完整且无瑕疵的，受让人对票据的合法性履行了适当的注意义务后可以依法受让该票据。

因此，正当持票人信赖票面上的记载事项，主观上不存在恶意，客观上也通过合法方式受让票据，其理应享有票据权利。票据的文义性与"权利外观理论"有异曲同工的效果。"权利外观理论"乃是作为保护因信赖权利或法律关系存在而为交易之人，于作出外观发生原因之人导致不利的情形下，保护信赖之人的基础理论。该理论更强调对外部事实的信赖及权利载体的公信力，表见代理制度就是对权利外观理论适用的具体表现。善意取得制度的理论依据也可认为源自权利外观理论。

从法律结构与理论目的来看，首先关注的是交易安全与便利。目前，在追求效率与便捷的商业社会中，若要求受让人需承担让与人无权利的风险，导致受让人必须调查让与人是否有处分权，这无疑增加交易成本，且拖延交易时间，不符合商业社会的发展需要。其次占有是动产物权的公示方法，受让人善意信赖时应当保护其目标的实现，因而占有的公信力可以看作善意取得重要的理论基础。因此，采取善意取得制度的基本核心要义就是实现对交易安全的全面维护，避免受让人在交易时需投入过多交易成本来防止遭到返还请求的风险，有碍交易活动的进行。

受让人善意信赖让与人为有权处分人之外观，通过占有之公信力和交易安全之保护。

因此，善意取得似乎可以从"信赖原则"中的权利外观理论寻求其理论基础。权利外观理论的现实意义极为明显，一旦票据出现了不慎遗失或被盗的情形，可以作为反对现行法无法保护正当持票人时的理论支撑。

（4）贯彻流通性的要求。

我国《民事诉讼法》是实施相对较早的法律规范，每项法律的出台都是综合受到当时政策、经济环境等多维度影响而制定的。在经历了多年的发展后，要想确保法律价值的有效发挥，应当本着与时俱进的观念，不断进行修订和完善。

公示催告制度设置的目的在于督促利害关系人及时申报权利，并非阻碍票据的流通。因此，票据取得者是否应当受到法律保护，不应以取得票据的时间点是否在公示催告期间为衡量标准。除权判决作出之前票据仍可看作有效票据，拥有票据的一切功能。流通是票据的灵魂，否认公示催告期间票据转让的效力与票据的存在价值及流通职能相冲突。

商法领域将效率价值作为重要的价值追求，作为商法组成部分之一的票据法也应当注重将票据的流通功能放在重要的位置。因此，认可公示催告期间票据转让的效力对于促进票据流通、提升交易效力大有裨益。

### 3. 寻求正当持票人救济路径的最优解

在当前法律规定的框架下，若真实的失票人已经启动了公示催告程序，且已获得了法院的除权判决，此时若现实的持票人是在公示催告期间受让的票据，那么持票人必然已无法恢复票据权利，但其可依据基础法律关系向前手主张民事责任。若失票人系伪报失票的恶意申请人，即使申请人已获得除权判决，正当持票人也依然有机会重新获得票据权利。

依据《民事诉讼法》的相关规定，启动公示催告程序时，法院对申请人的申请并不进行实质的审查，对权利归属的确认仅仅是一种推定的结果。除权判决对于票据权利的确认也只是一种拟制的结果，可能与事实不符，故法律又对除权判决设置了一种撤销制度。但对于利害关系人应提起何种诉讼请求、法院如何变更判决，民事诉讼法及民诉意见均未明确。

本书认为，公示催告程序的启动本身即对正当持票人的票据权利构成了侵害。从票据利害关系人的角度看，法律上设置了多种救济方式供其选择。一方面，正当持票人可以依据票据法律关系以票据纠纷案由向其前手主张追索权；另一方面，也可以依据基础法律关系即原因关系向其前手主张民事权利。另外，可以依据侵权法的相关规定向公示催告申请人提出民事赔偿的主张。由此可见，在票据法领域、民法领域、侵权法领域，均可以实现权利的保护。但是何种方式最有利于权利的实现与救济，有待厘清。

本书对利害关系人权利救济的路径选择作出探讨与构建，通过对比各种维权方式的利弊，拟寻求正当持票人维权的最佳选择。目前，对于正当持票人的救济最常见的诉讼方式为除权判决撤销之诉、民事侵权之诉、依基础关系主张民事权利三种。此外，在实践中争议较大但本书认为较为合理的为返还不当得利之诉及票据纠纷之诉。下面对五种诉讼方式的适用条件及限制分别进行论述：

（1）除权判决撤销之诉。

法院作出的除权判决，以生效法律文书的形式将票据权利与票据本身作出了人为的分割。撤销除权判决，即法院对票据权利归属进行确认后，又对自身的确认进行了否认。该诉讼程序在性质上属于程序法上的变更之诉。法律不保护权利上的睡眠者，并非所有的现实持票人都可提起除权判决撤销之诉。根据法律的规定，必须具备原因要件"有正当理由"及时间要件"知道或者应当知道判决公告之日起一年内"提起。其中对于"正当理由"的规定和约束，本书认为包括不可抗力及法院的程序瑕疵。

除权判决被撤销后，若除权判决申请人未主张权利提出付款请求的，票款还未支付，则其票据付款请求权不得再行使。若除权判决申请人在获得了法院的生效判决后即申请付款人支付，且已经获得了票据款项的，则其负有向票据真实权利人返还票款的义务。另外，支付人若在无故意或重大过失的情况下依据除权判决支付了票款，则该付款行为是有效的。即使除权判决被撤销，那么票据付款人也不负义务向真实的权利人继续支付票款。

因此，除权判决被撤销后，正当持票人仍然对于票据利益不能实现承担很大的维权不能的风险。也就是说，其票据利益在理论上恢复到了公示催告之前的状态，但真实后果是票据付款请求权行使不能。这也就意味着，在票据尚未正式兑付的情形之下，提起撤销除权判决之诉对于权利的恢复有积极的作用。若票据已经进行了兑付，除权判决撤销之诉已经无法解决申请人权利恢复的问题。若除权判决申请人为恶意申请人，则应当依据《民法典》的规定以侵权损害赔偿为由主张权利，或基于票据权利向其前手行使追索权。若除权判决申请人为真实的失票人，则应以不当得利的相关规定为依据，将票据款项作为不当得利予以返还。撤销除权判决之诉对正当持票人权利的保护及实现无法取得实质性的效果。

（2）民事侵权之诉。

依据《民法典》第1165条的规定，行为人因自身的过错对他人的民事权益造成侵害时，需要承担一定的民事责任。在符合过错推定的情形时，如果行为人不能证明自己的行为是没有过错的，那么对于损害结果也应当承担赔偿责任。在民事侵权行为的构成要件中，行为人存在过错是最为关键的要素。恶意的公示催告申请人以获得不当利益为目的，在不符合公示催告申请条件的前提下伪报票据丧失，恶意启动公示催告程序，损害了正当持票人的票据利益。该行为符合民事侵权责任的构成要件，在此情形下正当持票人可以以《民法典》为基本依据，请求其承担民事责任。

但此种维权方式仅仅适用于恶意申请公示催告的情形，并且正当持票人对于公示催告申请人的行为符合民事侵权责任的构成要件负有举证证明责任。在实践中，失票人与正当持票人之间大多时候并非基础交易关系的相对方，不存在直接前后手的关系，因此伪报失票的行为是不是失票人以恶意心态故意作出的，正当持票人很难判断和证明。但根据举证责任的分配，正当持票人必须证明失票人存在伪报失票的事实，只有在该种情形之下，才可以认定侵权行为是存在的。

由于失票人与其直接后手之间，基础交易关系是否合法对于正当持票人而言很难获取证据来予以证明，因此侵权之诉在实践中很难被确认。对于真实失票而申请公示催告的情形，公示催告申请人在主观上没有侵权的故意，行为不符合违法性的特征，正当持票人的损害后果与公示催告申请人的行为也没有直接的因果关系。因此，若此时正当持票人提起民事侵权之诉，则不能得到支持。

（3）依基础关系主张民事权利。

票据具有无因性的特征，但是根据《票据法》第10条的规定，票据的签发、流通、交易等都必须充分遵循诚实信用的基本原则，需要有真实的交易活动的存在，并需支付对价（税收、继承、赠与除外）。因此，基础交易关系的存在使得利害关系人可以直接向其前手主张民事权利，提起撤销除权判决之诉并非前置程序。当然，由于每一次流转都有基础关系存在，作为被告的前手在承担民事责任后，也可以继续依据基础交易关系再向其前手主张。

依基础关系主张民事权利的救济方式是以交易双方真实的交易关系为基础，而不以票据法的规定为前提。在除权判决的存在使得票据利益无法实现时，即可认定交易行为未完成，前手的支付行为无效，此时就可以向其直接前手退票并请求其另行给付基础法律关系项下的对价。但由于票据自身所表现出的强烈的流通特性，很可能票据在公示催告程序开始之后已经经过了多次流转，此诉讼牵涉当事人众多，可能引起一系列关联诉讼，浪费司法资源。

（4）返还不当得利之诉。

《民法典》中对于不当得利之债作出了明确的规定，即当事人在没有法律依据的前提下获得了利益，则受损失的当事人可以要求其返还该不当的利益。在该制度中，以"没有法律依据"作为判断的核心和基础。对于"没有法律依据"的判断有理论上的分歧。

一种观点认为，获得利益的过程并不符合法律的规定。比如拾得遗失物的情形，当事人虽然获得了他人遗失的物品，但其取得该物品的占有并无法律依据，因此不能获得该物品的所有权。另一种观点认为，对于不当利益法律上本来就没有保护的基础。比如，获得的物品为盗赃物或非法物品，此时该物品的所有权原本就无法得到法律的维护，那么不论取得人获得该物品的过程是否合法，都属于不当利益的范畴。

本书认为，虽然除权判决申请人依据生效的法律文书获得票款，就取得利益的过程而言是合法的。但是，除权判决仅仅是法院对票据权利归属的一种推定，该推定可以被否定和推翻，因此对于该利益法律上并非绝对的保护。

（5）累据纠纷之诉。

在除权判决已经作出的情形下，现实持有票据的利害关系人是否可以直接提起票据纠纷之诉，实务中存在争议。本书认为，可以依据诉的合并，适用票据纠纷案由对利害关系人提起的诉讼进行审理。在一个诉讼程序中，若相同的原告对相同的被告主张不同的诉讼标的，可以依据"诉的合并"进行案件的审理。进行诉的合并需要符合三个条件，即相同的原告、相同的被告、相同的诉讼程序。

正当持票人所提出的诉讼请求，包含下列三项：撤销除权判决、恢复票据权利、获得票款。此三个诉讼请求，分属于三个不同的诉，分别为形成之诉、确认之诉、给付之诉。在这三个诉讼中，有相同的原告（利害关系人）、相同的被告（公示催告申请人）。恢复票据权利之诉及票据付款请求之诉均为票据诉讼，而除权判决之诉也按照票据纠纷的程序来审理。

故三个诉讼的管辖法院均为票据支付地或被告住所地人民法院，审判程序均为一审普通程序。因此，上述诉讼符合诉的合并的全部要件。从节约司法资源减少当事人诉累的角度出发，完全可以将三个诉讼请求进行合并，使用概括性的案由票据纠纷来审理。另外，与其他诉讼方式相比，适用票据纠纷之诉在理论上说理更为顺畅，且对于具有利害关系的当事人而言，更有利于对权利义务关系的认定及纠纷的实质性解决。

【案例分析】

受胁迫之票据行为的效力

2016 年 10 月 19 日，A 由于拖欠了 B 的贷款而被 B 采取非法手段拘禁起来。在 B 的威逼利诱下，A 无奈开具了一张 10 万元的现金支票交给了 B。B 拿到支票后就立刻赶往银行兑现，不料在去银行的途中被 C 抢劫了，自己所拿的 10 万元支票也同样被 C 抢走。C 得到这张支票后就交给了 D，因为 C 在与 D 赌博时输了很多钱，所以就用这张支票抵了赌债。而 D 则又将这张支票给了 E，目的是偿还自己在 E 处的巨额贷款。最后，E 拿着这张支票去了银行，想要兑取现金，然而银行却告知 E 该支票的出票人在银行的余额不足，所以不给兑现并将该支票退给了 E。E 最后拿着这张支票找到了 A，想让 A 兑现这笔款项，然而 A 却以自己当时是在被胁迫的情况下所签发的为由，认为这张支票是无效支票，自己根本不需要承担票据债务责任。

分析：在上述案例中，除票据关系外还有其他很多种法律关系。不过这里仅针对其中的票据关系展开分析。对于上述案例，E 显然是善意持票人，他在取得该支票的过程中任何行为都是合法的，并没有出现任何过错。然而，由于 A 银行账户上并没有等额的现金，所以 A 所开出的这张支票属于空头支票。出票人不得以自己受胁迫之出票事由向善意的持票人提出抗辩。

## 第二节　汇票制度研究

### 一、汇票

（一）汇票的概念

所谓汇票，指的是经出票人签发之后委托付款人在汇票的限定日期内无条件支付一定金额给汇票持票人的票据。我国《票据法》第 19 条规定："汇票是出票人签发的，委托付款人在见票时或者在指定日期内无条件支付确定金额给收款人或者持票人的票据。"

首先,汇票属于一种委托他人使用现金支付的票据形式。汇票的出票人只是签发汇票而不是汇票的付款人,他必须将票据支付金额委托给他人进行支付。从这一角度来看,汇票是一种委托证券,并不是自付证券。由此可知,汇票行为的当事人最少包括三个:

(1) 出票人。汇票的出票人即签发汇票的人。

(2) 付款人。汇票的付款人指的是受出票人委托并且需要支付一定金额给收款人的人。

(3) 收款人。汇票的收款人指的是从出票人手中获得汇票同时有权利要求付款人支付款项的人。

其次,汇票上必须标有明确的到期时间。汇票并不要求人们见票即付,而是规定了一个到期日,这样做的目的在于确保人们可以有充分时间来进行远程支付。为汇票规定到期日体现了票据自身所具有的信用职能,因而又被人们称为信用证券。

(二) 汇票的特征

汇票的特征如下所述:

(1) 汇票只有经过承兑才会产生自身的法律效力。承兑是本票与支票最大的区别,属于汇票特有的法律特征。

(2) 汇票的出票人与付款人之间的委托付款关系必须是真实有效的。这点与本票不同,本票具有自付性质。

(3) 汇票、本票、支票在付款期限上都可以见票即付,但汇票除这种付款形式外,还可以规定付款期限,如出票后定期付款、定日付款、见票后定期付款等。

## 二、出票

(一) 出票的概念

我国《票据法》第 20 条规定:"出票是指出票人签发票据并将其交付给收款人的票据行为。"出票又被人们称为"发票""发行"等,作为一种最基本的票据行为,出票是其他票据行为产生和出现的基础。也就是说，只有首先出票，与票据相关的其他一系列票据行为才有可能发生。出票包括以下两个部分：

（1）做成票据。这种行为指的是出票人在票据法所规定票据内容的基础上将法定内容记载到票据上，然后签名或盖章。

（2）交付票据。这种行为指的是出票人依据自己的本意将已经做好的票据交付给他人占有。

### （二）出票的效力

#### 1. 出票对于出票人的效力

根据我国《票据法》第 26 条的相关规定可以得知，出票人对自己签发的汇票具有获得承兑和获得付款承担担保责任。

（1）担保承兑，这一法律术语指的是出票人对于自己所签发的汇票必须确保其具有承兑性，如果持有该汇票的人到银行去承兑而遭到拒绝的话，那么出票人就有义务来偿还持票人所遭受的损失。

（2）担保付款，这一法律术语指的是出票人对自己所签发的汇票要确保持票人在汇票到期之前能够获得应有的付款，如果持票人在汇票到期后得不到付款，那么出票人就必须对持票人的损失给予赔偿。

对于上述两种担保责任而言，这是出票人的法定义务，是无法推脱的责任。即使出票人将免于担保责任的字样记载到汇票上，这种记载也是无效的。

#### 2. 对收款人的效力

收款人在从出票人手里获得汇票后，他便具有了付款请求权以及追索权。不过需要明确的是，收款人的付款请求权和追索权在付款人承兑汇票之前只是一种期待权，这种权利需要依赖收款人进行确认。收款人的付款请求权只有在付款人承兑汇票之后才成为一种现实权。另外，追索权行使的前提条件是付款人拒绝承兑汇票或者因为其他原因导致收款人无法获取自己的应得货币数额时。换言之，付款人由于因为一些主客观原因而导致汇票无法承兑，那么收款人在此时就有了行使追索的权利。

#### 3. 对付款人的效力

付款人和出票人之间具有委托付款关系，当出票行为完成后，付款人就有了对汇票进行承兑的资格。不过，付款人在承兑汇票之前，还并不是汇票关系的真正当事人。如果付款人不承兑汇票，那么其就不负有为汇票付款的义务。当付款人完成承兑汇票的行为之后，就理所当然地成为汇票的第一债务人，对收款人就负有完全绝对的付款义务。

【案例分析】

出票时间错误与票据文义性之间的关系

丙公司采取背书转让的方式转账了一张支票，这张支票的票面金额是 50 万元。在此票据行为中，出票人为甲公司、收款人为乙公司、付款人为 A 银行，出的确定时间是 2007 年 10 月 1 日。

2007 年 10 月 1 日，丙公司向 A 银行行使了付款提示行为。此时，甲公司则向 A 银行提出了异议，因为甲公司认为 2007 年 10 月 1 日为国家法定假期，甲公司在 2007 年 9 月 30 日下午就已经放假，同时为全体员工安排了旅游度假的活动，因而根本不会在 2007 年 10 月 1 日签发这张支票，这张支票的实际签发时间是 2007 年 9 月 29 日，显然丙公司已经超过了法定的提示付款期限，为此，甲公司认为 A 银行可以拒绝向丙公司付款。为了给予更加充分的证明，甲公司将自己公司的放假通知、旅游的门票、住宿发票、公司财务人员的证词都提交给了银行。

分析：根据我国《票据法》的相关规定可以得知，为了确保国内票据的安全、有效流通，维护交易双方的财产安全，也为了维护善意持票人自身的票据权利，同时还根据票据自身所具有的文义性特征，可以认定上述案例中转账支票的出票日期为 2007 年 10 月 1 日，甲公司并不能通过自己所提供的这些证明来认定该转账支票的出票日期为 2007 年 9 月 29 日。

# 第三节　本票与支票制度

本票与支票制度是《票据法》的重要组成部分。虽然本票与支票的法律规定与汇票的相关规定在内容上比较相似，但本票与支票制度也有一些特殊的法律适应规则。为了对《票据法》有一个全面、系统的了解，下面就来详细分析本票与支票制度。

## 一、本票制度

### （一）本票

#### 1. 本票的概念

所谓本票，指的是出票人签发的，并承诺在见票时或者在指定日期无条件支付确定金额给收款人或者持票人的一种票据。[①] 对于这一概念，可进行如下三个方面的理解：

首先，本票属于票据中的一种，自身所具有的性质与票据的性质完全吻合。例如，本票属于金钱证券、文义证券、提示证券、设权证券、无因证券等。

其次，本票属于自付证券，也就是票据由出票人自己来支付。从这一角度来看，本票的当事人只有两种：出票人与收款人。这与汇票、支票所涉及的当事人是不同的，汇票与支票的法律当事人有三种：出票人、收款人、付款人。虽然在汇票和支票中有时候也会出现出票人同时也是付款人的对己汇票、对己支票，不过这是由于当事人的资格兼并所形成的一种变式票据，并不属于正常情况。

最后，本票是一种信用证券，因为其是见票时或者在指定日期内无条件支付的票据。这方面与汇票是相同的，不过由于本票的出票人在完成发票行为后就负有无条件付款的责任，因而期间并不用采取承兑行为。

#### 2. 本票的出票

本票的出票，指的是出票人依照法律的规定制作出合法的本票同时将本票交付收款人的行为。在形式上而言，本票的出票与汇票的出票是一致的。但从法律角度来看，汇票的出票是出票人委托付款人依其签发的汇票付款的一种意思表示，但本票的出票则是出票人自己承担本票金额和付款义务的一种意思表示，二者具有不同的法律效果。

作为一种要式票据，本票在格式上有严格的要求。签发的本票必须依据法律规定的格式进行制作，否则就不具有相应的法律效力。通常而言，本票的必要记载事项包括如下六种：

---

① 王卫国．商法（第2版）［M］．北京：中央广播电视大学出版社，2008：244.

（1）"本票"字样。

（2）明确的金额。

（3）收款人的名称。

（4）无条件支付的承诺。

（5）出票的明确日期。

（6）出票人的签章。

对于上述六种事项，都是本票的绝对必要记载事项。如果本票上缺乏上述任何一种事项，那么该本票将视作无效。

（二）本票的特殊规则

由于本票的性质在很多方面与汇票都是相同的，因而为了减少法律条文的重复内容，世界上很多国家的票据法都将在实际贸易中发挥作用比较大的汇票为主进行规定。对于本票而言，票据法中通常规定的都是其与汇票不同的内容，如果与汇票内容相同，那么就适用于汇票制度的规定。

## 二、支票制度

（一）支票

1. 支票的概念

所谓支票，即由出票人签发的，指示办理存款业务的金融机构即付款人在见票时无条件支付确定金额给收款人或持票人的票据。① 对于这一概念，可以从以下三个层面进行理解：

首先，支票属于票据中的一种，其与汇票、本票具有同等重要的地位。相应地，本票自身的性质与票据的性质同样是十分吻合的。

其次，支票是一种委托证券，即出票人委托给付款人按照其指示的金额无条件支付给收款人或者持票人。在我国，可以充当支票付款人的金融机构必须经中国人民银行批准，也就是说，只有在中国人民银行批准之后，某一金融机构才有资格办理支票付款业务。

---

① 王卫国．商法（第2版）［M］．北京：中央广播电视大学出版社，2008：247.

最后，支票是一种支付证券，付款人必须在见票后无条件支付确定金额，即见票即付。这一特点与同样是委托证券的汇票是不同的。付款人在为支票付款时不得附带任何其他条件。

2. 支票的转让

支票的转让，与汇票这一指定式证券一样都可以通过背书的形式进行转让。由于支票属于流通证券的一种，因此除法律规定的或者出票人给予明确记载"禁止背书""禁止指定"等限定外，均可以流通和转让。对于支票背书的要件，与汇票背书是相同的，因而不再赘述。

（二）支票的特殊规则

与本票的法律规定一样，支票制度的很多法律规定与汇票制度都是相同的，因而如果再对支票制度进行详细规定，那么就会造成法律条文的烦琐与重复。因此，很多国家为了简化法律条文、避免重复，就对支票的特殊之处进行了单独规定，而对于支票与汇票相同的部分，则规定支票适用于汇票规定的条款。

# 第 六 章

## 金融担保法律制度

在传统的民法体系中，担保的作用一直被民法学者所忽视，作为人保的保证在债法中处于边缘位置，相比于关于物权和所有权的基本原理方面的海量研究成果，对担保物权的研究却显得微不足道。在当前民法典的编纂讨论过程中，学者花费了大量的时间和精力去讨论人格权的立法保护模式和策略问题，却忽略了作为市场经济融资活动基础法律制度的担保法的作用，更无人提出应将担保法独立成编予以规定的建议。

# 第一节　金融担保法概述

担保法是民事法律的重要组成部分。随着我国经济体制改革的不断深化，社会主义市场经济的建立和完善，我国的担保法律制度也逐渐建立并不断健全，形成了具有中国特色的自成体系的担保法。

## 一、担保及其特点

担保，顾名思义是一种保证行为。在民事法律关系中，则指当事人约定，债务人或第三人以财产或信用向债权人保证债务得以履行的一种行为。

在一项民事法律关系中，债权人有权要求，债务人也有义务以自己的财产作为对债权的保障。但是当债务人的财产不足以实现债权人的债权，或债务人同时或先后与多个债权人产生债权债务关系，致使债权人的债权实现处于一种不稳定的状态，债权人的债权就无法得到保障。在此情况下，债权人的利益就可能受到侵害。为了防止这种结果的发生，债权人往往要求债务人提供一定的物质保证，或要求第三者提供物质或信用保证，以保障债权人债权的安全实现。因此，从担保的产生来看，其本身是为了保障债权人实现债权而在债权人与债务人或第三人之间建立的另一性质的法律关系，具有从属性。而当事人之间设立了担保关系，也就产生了一定的权利和义务关系。通过这种关系，债权人可以督促债务人履行债务，或在债务人不能履行债务时使自己的权利得到保障。

## 二、让与担保

### (一) 让与担保分析

#### 1. 让与担保的概念

让与担保是指为了担保债权的实现，债务人或第三人将担保标的物的所有权移转给债权人。债权实现时，担保标的物重归债务人或第三人；债权不能实现时，债权人可以就该担保标的物受偿的一种担保形式。

此种定义既注重了让与担保的形式特征，又突出了让与担保的实质要件。另外，让与担保包括移转型让与担保和非移转型让与担保。移转型让与担保是指担保财产发生了转移，从由让与担保设定人实际占有转变成由担保权人实际占有；非移转型让与担保是指担保财产仍旧由让与担保设定人实际占有，但是其所有权已经变更到债权人名下。

第一，让与担保的主体。债务人可以以自有财产设定让与担保；为了方便融资，发挥让与担保的灵活性，第三人可以以自有财产为债务人提供担保。当然，对于不属于自己的财产，一般来说是不能设定让与担保的，但是如果经过其权利人的同意，则是可以设定的。对于无权处分人如果在设定让与担保后取得担保财产的所有权，或是经过真正权利人的追认，让与担保的设定也是有效的。让与担保的设定人可以是自然人、法人以及非法人组织等主体。

第二，设定让与担保的行为。设定让与担保应当包括两个行为，即基础债权行为和让与担保合同两个行为。基础债权法律行为是主行为，大多表现为借贷关系；而设定让与担保的法律行为是从属行为，目的是担保债务的履行，形式上表现为将担保财产交付或是登记给债权人。基于担保物权的从属性，基础合同无效，让与担保从合同也不会产生效力。担保协议既可以在主合同中约定，也可以另行订立担保合同。让与担保的约定可采用书面形式，该设定方式可以有效避免一些不必要的民事争议，明确当事人之间的关系。从证据方面考虑，书面协议也可以作为书面证据使用。

第三，让与担保的客体。动产和权利作为设定让与担保的标的物，是我国甚至国外大多数国家较为普遍的做法。但是对于以不动产设定让与担保存在两种不同的观点，一种是以德国为代表的国家，认为设定让与担保的标的物不包括不动产，因为在德国法律制度中存在着比较完善的不动产担保制度，把不动产纳入让与担保标的物的范围多此一举。另一种观点是以日本为代表的国家，日本学者认为不动产可以作为担保标的物设定让与担保，将不动产和权利排除在设定让与担保的范围之外，会大大削减让与担保的优越性。

可否以不动产设定让与担保在我国学界还存有争议，主要存在两种观点：一种观点认为我国已经存在不动产抵押制度，不动产让与担保所发挥的作用和不动产抵押类似，都产生担保功能，并且都是由设定人占有使用，不必另行设定不动产让与担保，将不动产作为让与担保标的物实属多此一举。另一种观点认为为了发挥让与担保的优越性，扩大让与担保标的物的范围，促进交易，便于融资，把不动产作为让与担保的标的物是非常有必要的。

德国之所以主张设定让与担保的标的物不包括不动产，是因为有比较系统完善的不动产担保制度。而在我国，部分学者认为不动产抵押制度和不动产让与担保在功能方面相似，不必再设立不动产让与担保。此种观点有待商榷，不动产让与担保在设立方式、实现方式上具有一定的灵活性和便捷性。在不动产让与担保的实现方式上，当事人可以约定为处分清算，也可以约定为归属清算，两种实现方式无疑是减少了不动产让与担保的实现成本，与不动产抵押制度将产生互补功能，可以由交易主体根据自身需要灵活选择适用。我国《民法典》担保物权编并没有规定让与担保，但在实务界，与让与担保相关的案件仍旧层出不穷，一个重要的原因就是让与担保的客体具有广泛性，易于操作，便于融资。标的物的广泛性是让与担保的优势之一，让与担保标的物的范围应当符合经济发展的需求，对让与担保标的物进行限定时，不应给交易主体增加负担。因此，本书认为动产、不动产、权利等都可以作为让与担保的客体。

2. 让与担保的特征

第一，让与担保属于非典型担保。我国现行《民法典》并未规定让与担保制度，但是在交易中又常常被适用，因此被称为非典型担保。在近代立法进程中，许多国家也没有把这种担保方式法典化。探寻我国立法进程，曾经考虑过将"让与担保"上升到法律层面，比如2002年的民法（草案）就准备把"让与担保"引入物权编中，由于时机还不成熟，让与担保法典化的进程被中止。《民法典》编纂之际，关于让与担保的讨论再次趋于白热化，但是，最终让与担保还是未被《民法典》采纳。然而关于"让与担保"的研究讨论在学术界依旧异彩纷呈；在实践中，作为一种担保形势仍然被广泛使用。

第二，让与担保是一种以移转财产所有权的方式设定的担保。当主债权合同成立，债务人或第三人就会将担保财产登记或是交付给债权人，用以担保债务的履行，同时也意味着让与担保设定人"形式上"丧失了担保财产的所有权。

第三，让与担保的实现方式比较特殊。让与担保的实现方式包括归属型和处分型。法定担保物权是一种变价权，包括协议折价、拍卖变卖等，并且不允许在合同中约定流押条款，即使约定也认为无效。让与担保的实现方式则比较特殊，既可采取处分变价方式，也可采取归属变价方式。

### 3. 让与担保的法律性质

从让与担保的特征来看，设定让与担保移转担保财产所有权的手段行为重于担保债务履行的目的行为。对让与担保性质界定的不同，对债务人、第三人与债权人之间的内部效力，和交易双方之外的第三人的外部效力会产生不同的法律效果，所以，有必要对其法律性质进行界定。让与担保的法律性质主要包括所有权构造说、担保权构造说、代物清偿说、虚假意思表示说等。

（1）所有权构造说。

所有权构造说认为，让与担保的设定需要移转担保财产的所有权，这样才能实现担保的目的，并且也是担保物权成立的本质要求。所谓移转所有权，就是在设定让与担保时，通过登记或交付，将担保财产转移给债权人，债权人是担保财产的所有权人，并有权处分担保财产。

处分担保财产时，也无需经过债务人的同意，也就意味着债权人取得了担保财产完整的、无附加任何条件的所有权。在所有权构造说之下，让与担保设定人移转担保财产的行为被认为是一种实际履行行为，移转行为完成，债权人即为担保财产的所有权人；如果债务人届期清偿债务，可以根据约定要求债权人返还担保财产。债务履行期间，担保财产的所有权人是债权人，如果处分担保财产则是有权处分，对债务人或是第三人来说是一种违约行为，需要承担违约责任。所有权构造说在受罗马法

"所有权绝对"影响的德国普遍流行。另外，也有观点认为担保财产所有权的转移只是形式上的转移，债权人在对担保财产行使权利时受到一定的限制，要遵守设定让与担保的真实目的，债权人附条件、有限制地取得担保财产的所有权。

（2）担保权构造说。

担保权构造说理论，是指债权人只是享有一般的担保物权，而担保财产的所有权并未发生转移，仍旧归属于让与担保设定人。罗马法上的"信托理论"被认为是这种观点的起源，该理论认为表面上是债权人取得了担保财产的所有权，事实上只是债务人或是第三人的信托行为，担保财产的所有权人仍旧是让与担保设定人。担保权构造说认为，让与担保在本质上是一种担保权，担保财产所有权移转的这种行为，仅仅是设定让与担保的一种特殊方式，把担保财产的所有权转移给债权人，其本质是对债权履行的担保，转移的权利限于形式上的财产性权利，不涉及所有权的实质性转移。因此，让与担保设定人仍然是担保财产的所有权人。

总之，担保权构造说主张，设定让与担保最根本的目的是为债权人实现债权提供担保，依据交易双方的真实内心意思，债权人对担保财产仅仅享有一般的受偿权，担保财产的所有权人实质上仍旧是让与担保设定人。担保财产所有权的移转是一种手段行为，实质目的是担保债权的实现，债权人不得超出担保的目的处分担保财产，让与担保的本质是"担保"而非"移转"。

（3）代物清偿说。

代物清偿说，是指债务人或是第三人以另一种给付行为替代原约定的给付行为，债权人接受用以消灭原债务的一种履行方式。在学术界有学者把让与担保的实现认为是债务的履行，在债务清偿期限已满，债务人没有偿还债务，原约定登记或交付给债权人的担保财产用来抵偿债务，也就是说把让与担保的性质界定为代物清偿说。

代物清偿作为债的一种履行方式，具备四个要件：原债务须存在、须以他种给付代替原定给付，须交易主体达成合意，须债权人实际接受。一般情况下，代物清偿会发生在债务履行期限届满之后，由交易主体约定，达成合意，债权人实际接受替代物。

让与担保的操作模式实质上就是代物清偿预约形式。债务人或是第三人为了担保债务的履行，为债权人设定让与担保时，将担保财产形式上转移给债权人，债务人和债权人双方对担保财产用以清偿债务都有心理预期，如果债权不能实现，担保财产可能真正由债权人取得，因此有观点认为让与担保其实是对债务到期时不能以约定方式履行的一种预约清偿。

当然，如果债权人或是第三人届期能够履行主债务合同，自然可以要求债权人返还担保财产，重新取得担保财产的完全所有权。

债务人在约定清偿期内清偿债务，则不会出现由债权人取得担保财产的情况，对债权人和让与担保设定人来说并无损失。

（4）虚假意思表示说。

《民法典》第 146 条规定了虚假的意思表示，虚假意思表示是指交易双方通过通谋而做出与内心真实意思不符的意思表示。虚假意思表示可以概括为三个要件：通谋、明知、外在表示不符合内在真实意思。

有学者把让与担保的性质界定为虚假意思表示说，具体是指，债务人或是第三人与债权人之间存在通谋，债务人或是第三人与债权人之间所做出的法律行为外观表示和内心真实意思不一致，并且债务人或是第三人与债权人对通谋的意思表示不一致行为是明知的。虚假意思表示说认为，让与担保的设定人与债权人之间的担保合同是相互通谋的虚假意思表示，因此，此合同应为无效合同。

因为让与担保的设定人仅仅是在形式上移转担保财产的所有权，实质上并没有移转担保财产所有权的真实意思表示，对于担保财产的移转，也不会产生权利变动的现实效果，移转担保财产所有权的真实目的只是对主债务合同的担保。并且，债权人也真正了解让与担保设定人的真实意思表示，担保财产的移转行为是通谋的虚假行为，真实的目的是担保债务的履行，因此认为让与担保是交易双方通谋的虚假意思表示。

（5）学说评析。

所有权构造说过分强调担保标的物所有权在形式上的转移，而忽视了最本质的担保目的，这样不利于保护债务人的权益。所有权构造说侧重于让与担保的形式要件，认为物权经过变动公示就产生公信力，担保标的物的所有权人此时应当是债权人，其处分担保标的物的行为就是有权处分。

不过，设定让与担保的最初目的是保证债务人到期能够清偿债务，转移财产所有权是设定让与担保的方式，债务人如果按照约定清偿债务，可要求债权人返还担保标的物，如此才能充分发挥担保财产的价值。如果由债权人直接取得担保财产的所有权，交易随即完成，不符合设定让与担保的目的，也和交易主体之间追求的价值相悖。代物清偿只是债的一种履行方式，没有突出让与担保物权的本质目的与其特征。

设立让与担保的目的是担保债权人到期能够实现债权，让与担保的特征之一在于其设立方式比较特殊，使担保标的物的权属在形式上发生变动，债权人成为担保标的物所谓的所有权人。因此，代物清偿说没有体现出让与担保的担保功能，也没有体现出设定让与担保时移转担保标的物所有权的形式特征。

代物清偿可以作为实现让与担保的一种方式，由交易双方进行约定，在债务履行期届满，以担保标的物抵偿原债务。由此可以看出，代物清偿是某个时间节点上的法律行为，而让与担保则是从开始到结束某个时间段上的行为，不能把让与担保简单地概括为代物清偿。而虚假意思表示说认为让与担保是双方虚假的意思表示，其行为无效，不能产生物权效力。

大陆法系国家的信托理论提供了一些思路，担保财产的权属变动并不是虚假行为，而是信托行为，因此目前再把让与担保简单地认为虚假的意思表示，而否定其物权效力，则是站不住脚的。让与担保在形式上可能与虚假意思表示有相似之处，但是，本书认为在移转担保财产所有权上，双方意思表示是明确的，债务人是为了融资，债权人为了担保债权的实现。虚假意思表示说认为交易双方并不希望外在行为发生效力，也不受其通谋的意思约束。而让与担保交易双方是希望担保财产在形式上发生移转并受意思表示的约束，从而设定让与担保，促进交易的进行。因此，不能把虚假意思表示等同于让与担保。虚假意思表示说在近代的德国和日本比较流行，但现在这种观点在理论界和实务界几乎已经被摒弃了。

本书赞同担保权构造说，理由主要包括以下三个方面：

第一，担保权构造说更能体现双方当事人的真实意思。让与担保双方当事人设定让与担保的真实目的是担保债务人在约定的期限内清偿债务，而移转担保财产所有权是设定让与担保的特殊方式。也就是说，在让与担保交易中，担保标的物权属发生变动最主要的目的就是给债权人提供担保，债权人仅仅在形式上是担保标的物的所有权人，其处分和利用应当局限在让与担保的范围之内。当债务人按约清偿债务时，担保标的物就应当返还于让与担保设定人；当债权人未获清偿时，可以约定担保标的物真正归属于债权人。因此，担保权构造说更加尊重双方当事人的真实意思。

第二，担保权构造说并没有忽视让与担保移转担保财产的形式要件。有观点认为担保权构造说对让与担保设定的形式要件有回避之嫌，混淆了担保权与所有权的区别，已经名不副实。本书认为此种观点不妥，可以把移转所有权看作不同于其他担保物权的一种新型的设定方式，移转担保财产所有权只是设定让与担保的形式要件；在让与担保实现时，允许归属型清算实现方式，由债权人取得担保财产，从这两方面来看实际上并没有忽视让与担保所有权的转让这一形式要件。考察让与担保的发展历程，从早期的理论界和司法实践中所认可的所有权构造开始演变为注重实质的担保权构造。近现代对让与担保的定性，更加注重其实质要件，渐渐认可形式上的转移财产所有权的行为，其本质目的在于担保。

第三，担保权构造说有利于保护让与担保设定人的合法利益。从保护让与担保设定人的层面来说，所有权构造过分强调所有权的让与，而忽视了设定让与担保最本质的目的，使让与担保设定人处于弱势地位。而在担保权构造说之下，把债权人取得的权利构造为担保权，不仅体现出当事人之间的真实目的，而且明确了担保标的物的所有权仍然归属于让与担保设定人。如此，不仅维护了公平的商业环境，又促进了交易的顺利完成。

### 4. 让与担保的公示

我国没有规定让与担保制度，自然也没有明确让与担保的公示规则，学术界对此有两种不同的观点：一种观点认为让与担保只具有债权合同效力，不产生物权效力，因此不需要公示；另一种观点把让与担保界定为担保权构造，是一种非典型的担保物权，其设定必须经过公示，只有公示，才能依法成立。此外，关于让与担保的公示方式，在学术界也存在争议，尤其是在动产让与担保的公示方式上。

（1）让与担保公示的必要性。

让与担保经过公示才能产生物权的对抗效力，如果没有公示，我们认为其可能只是双方当事人之间的借款合同。所谓公示，就是把物权变动的外观情况显示于外，使外部第三人能够准确地明晰其法律关系，有效地避免外部第三人可能受到的损失，保护交易安全。在让与担保中，双方当事人及知情人清楚担保财产的得丧变更，而物权作为一种对世权，如何让潜在的可能与物产生关系的其他人能够识别并且知情，这也是让与担保公示需要解决的重要问题。

让与担保作为一种非典型的担保物权，应该进行公示。理由如下：

第一，让与担保公示是让与担保成立的要件。本书主张让与担保的性质为担保物权，作为一种担保物权应当遵循物权变动公示原则，只有经过公示让与担保才能成立，产生物权效力。例如，让与担保设定人把担保财产的所有权转移给债权人，经过登记或是交付，让与担保设定人形式上丧失了担保财产的所有权，债权人在形式上取得了担保财产的所有权，即让与担保一经公示即产生物权效力，而不仅仅是一个借款合同。在债务履行期限届满，债务人不能清偿债务时，债权人就该财产优先受偿。

第二，让与担保经过公示产生公信力。我们知道物权一经公示即产生公信力，当一处不动产登记在某人的名下时，我们就可以推定，某人就是不动产的所有权人。当某人实际占有某个动产时，我们可以推定某人是某个动产的所有权人。但是，在让与担保中，虽然担保财产已经登记到债权人名下，但是我们认为债权人取得的只是一种特殊的担保权，因此让与担保公示所产生的公信力是指交易第三方通过查询担保财产登记簿，可以明晰担保财产的权属，债权人实际取得的是担保权，避免产生纠纷。因此，让与担保的公示产生公信力，即认为债权人取得的是一种担保权，让与担保设定人不能随意处分担保财产。

第三，让与担保公示有利于充分保护善意第三人。当第三人在与让与担保当事人交易时，通过物权的公示，第三人就会知道谁是物的真正权利人，并有准备的与之发生交易，维护自身的合法权益，从而维护交易安全。

总之，让与担保经过公示才能产生物权的效力，物权经过公示之后，不仅可以约束并保护交易双方，还可以让第三人明晰其权利的归属，在与让与担保当事人交易时更好地保护自己的权益。

（2）不动产让与担保的公示方式。

不动产物权变动一般以登记作为公示方式。与典型担保物权一样，不动产让与担保也应该以登记作为公示方式。不动产让与担保作为一种不动产物权，非经登记不能成立。不动产让与担保采用登记这种公示方法，是以政府的权威为保障的物权公示方法，因此会产生强大的公信力。

让与担保设定人为了担保债务的履行在以不动产作为担保标的物设定让与担保时，必须以登记作为物权变动的公示方式。由于不动产都是价值比较大的财产，采取登记生效主义也有利于保护与让与担保设定人或是债权人发生交易的第三人，使其明白让与担保的当事人对此不动产享有的不是完整的权利，审慎地与之发生交易，保护交易各方的权利。

（3）权利让与担保的公示方式。

权利让与担保的公示方式，可以比照权利质权公示方式进行公示。一般情况下，债权、股权、知识产权都可以作为让与担保的担保标的物，因此设定让与担保权利的范围十分广泛，难以寻求一种统一的公示方式。认为，对于权利让与担保可以采取不同的公示方式：一是交付，交付是各种公示方法中最为简便的一种方式，一经交付即发生物权变动的效果。对于有权利载体的有价证券，如债券、股票可以采用交付权利证书作为其公示方式，完成权利变动。二是登记，对于以债权、知识产权等特殊的权利设定让与担保的公示，可以向有关部门进行登记。

（4）动产让与担保的公示方式。

在我国理论界研究最多、争议最大的其实是动产让与担保。这是因为为了实现利益最大化，往往需要担保标的物的使用价值和交换价值能够分离。在典型的担保物权中，不动产抵押实现了担保财产使用价值和交换价值的分离。以不动产设定抵押时，担保设定人仍占有不动产，即占有担保标的物的使用价值；不动产抵押权人占有不动产的交换价值，如此才能做到物尽其用。在动产质权中，质权的设立需要交付动产，质权人占有动产，但是不能使用，这是不利于经济发展的。依据《民法典》相关规定，交付包括现实交付、简易交付、指示交付和占有改定。

1）交付。交付是动产物权变动最直接、最原始的方式。其当然可以适用于动产让与担保。在传统民法中，交付包括现实交付、简易交付、指示交付和占有改定。所谓现实交付就是当设定人在设定动产让与担保时，直接把动产转移给债权人占有，债权人在担保的范围内取得动产的财产权；简易交付就是指在设定让与担保时，债权人就已经占有动产，此时只需要设定人与债权人意思表示一致，就发生动产物权的转移；指示交付是在设定动产让与担保时，担保标的物由第三人占有，设定人指示第三人把动产转移给债权人。现实交付、简易交付、指示交付可以作为动产让与担保的公示方式，但占有改定能否作为动产让与担保的公示方式目前还有争议。

占有改定就是指当动产财产转让时，双方当事人约定继续由让与担保设定人占有使用担保标的物，自约定生效时发生物权效力，通过以占有改定的方式完成动产让与担保的公示，让与担保双方当事人可以实现利益最大化和削减其他公示方法的烦琐程序。但是任何事情都是有两面性的，以占有改定作为动产让与担保的公示方式也一直是理论界争议的焦点，因为在其创设的时候缺乏明显的外部表现，只需要双方意思表示一致时就能够完成动产物权的设立，双方当事人之外的第三人很难确定担保财产的归属，这种公示方式存在一定的隐蔽性和风险性。

另外存在的一个风险因素是，如果债权人和债务人进行交易时，没有设定让与担保，在债务人破产程序或是执行程序中，双方当事人通过占有改定的方式虚设动产让与担保，将会损害其他债权人的利益，不利于公平清偿。高圣平教授就指出，以占有改定方式设定的动产让与担保是非常接近于纯粹的意思主义，是一种伪公示方式。而在实践中，让与担保由于其特有的性质，被广泛地适用，与此同时以占有改定方式设定的动产让与担保给经济安全带来的冲击也是巨大的。

以占有改定方式设定的动产让与担保其实是一种隐性担保，占有改定作为动产让与担保的一种公示方式，其弊端是让与担保双方当事人意思表示一致就能够设定动产让与担保，第三人对此种公示方式缺乏获悉的途径，不易厘清动产的权属。其实隐性担保的弊端在其他国家也是存在的，如在德国，为了减轻隐性担保的风险性，维护经济安全，他们在动产让与担保中引入了善意取得制度，如果第三人符合善意取得的条件，可以取得担保财产的所有权。然而在二重让与担保下，占有改定不是善意取得的交付方式，因此善意取得制度是无法适用的，也不利于解决动产让与担保的隐蔽性。

同时债权人为了维护自己的利益，减轻以占有改定形式设定动产让与担保的隐蔽性，也会使用另一种方式——明认，即一般是在担保财产上贴标签或者是盖上公司印章，用以阻断善意第三人的"善意"。但是，此种方法也是存在弊端的。例如，标签可以被磨损、撕掉，印章也会被岁月冲洗掉等。以占有改定方式设定动产让与担保存在种种弊端，不利于维护交易安全，因此不宜作为动产让与担保的公示方式。

通过以上分析，动产让与担保的公示方式应当包括现实交付、简易交付、指示交付，但是不包括占有改定。如果交易双方想以占有改定形式设定动产让与担保，可以引入下面这种公示方式——登记。

2）登记。债权人实际占有担保标的物，即为移转型动产让与担保，此种公示方式非常有利于保护债权人。但是，一般来说在担保期间，债权人是不能使用担保标的物的。为了物尽其用，促进经济发展，有时候需要把担保标的物的使用价值和交换价值进行分离。

从这个角度来说，交付作为动产让与担保的公示方式也是存在一定的弊端，不利于担保财产交换价值与使用价值的分离。为了能够更好地维护交易的安全，促进经济发展，认为可以把登记作为动产让与担保的公示方式。登记就是在设定动产让与担保时，双方当事人向相关部门申请，由登记部门把担保标的物的相关情况进行登记，动产让与担保自登记时产生对抗效力。在如今的数字化时代，登记并不会加重让与担保当事人的负担，相反会给当事人带来巨大的便利，如当事人可以在自有的网络上进行操作，提交登记申请书、担保标的物和双方当事人的相关情况，由登记部门进行审核，符合条件的进行登记，此举大大缩减了动产让与担保双方当事人的时间、财力和人力。

数字化时代也是共享的时代，登记部门应当把登记的信息与其他部门、组织进行互通共享。如果涉及双方当事人的商业秘密，登记部门应当做好相应的保护措施。利害关系第三人也可以依法查询动产让与担保登记簿的信息，维护自己的信赖利益。把登记作为动产让与担保的公示方式有利于弥补交付的弊端。

从比较法角度来看，《美国统一商法典》对于担保权采取了统一的规定，关于担保权设立的公示方式，都统一适用第九章的规定，其中最重要的公示方式就是"登记"。《法国民法典》也引入了动产让与担保的登记公示制度，基于让与担保合同转移动产所有权必须经过书面登记。《欧洲示范民法典草案》第九编规定的动产担保物权最重要的公示方式也是登记。但是也有一些国家并不认可登记作为动产让与担保的公示方式。

动产让与担保的公示在学术界和司法实践中并没有形成统一的观点，建议参照我国《民法典》动产担保物权的公示规则，动产让与担保应采用登记对抗主义模式。登记生效主义模式展现出来的公示性程度最强，有利于保护第三人的信赖利益，但是其存在的一个缺陷是不利于发挥动产让与担保的灵活性。登记对抗主义模式是指动产让与担保不登记并不影响其在当事人之间的效力，只是不能对抗善意第三人。

通过以上分析，动产让与担保的公示方式应当采用登记对抗主义模式，登记对抗主义模式既能体现出公示的公信力保护第三人的合法权益，又能充分发挥动产让与担保的灵活性，此外也不会扰乱既有的动产物权变动规则。

### 5. 让与担保的效力

让与担保的效力和让与担保的法律性质界定相关，司法实践中法院裁判有担保权构造说和所有权构造说两种观点。担保权构造说更加符合让与担保的性质，因此，让与担保其实是一种担保物权。让与担保成立后会产生担保物权效力，下面将对让与担保的效力进行分析。

（1）对内效力。

让与担保的对内效力，存在于让与担保设定人和债权人之间，对于让与担保的对内效力，主要探讨如下：

第一，让与担保担保债权的范围和让与担保标的物的范围。关于让与担保担保债权的范围，充分尊重当事人的意思自治，有约定则依约定。如若当事人没有约定担保债权的范围，那么就应当依照设定让担保合同的目的进行解释，让与担保的设定是为了担保主债权，除主债权外，当债务人迟延履行债务，还应当支付相应的迟延利息；当债务人违约时，还应当向债权人支付违约金；因此让与担保所担保债权的主要范围是主债权、迟延利息、违约金以及实现让与担保的费用。基于意思自治原则，对于让与担保标的物的范围，当事人如果已经在合同中约定，那么就应当从其约定。如果当事人没有约定时，可以做如下讨论：

让与担保标的物的范围包括设定人设定让与担保时的担保财产。关于从物，如果在让与担保设定之前，让与担保设定人就已经取得了从物的所有权，那么让与担保设定人应当把从物一并转移到债权人名下，让与担保的效力及于从物；如果在让与担保设定之后，让与担保设定人才取得从物的所有权，那么从物就应当在让与担保标的物的范围之外，债权人就不能取得从物权利。关于孳息，在让与担保设定之前，由让与担保设定人收取孳息，并取得孳息的所有权。在让与担保设定后，让与担保标的物的所有权在形式上已经归属于债权人，那么债权人是有权收取孳息的，有权收取孳息是不是就等同于取得孳息的所有权？在典型担保物权中，如抵押权、质权等，在物权设定后是不能取得孳息的所有权的，但是可以用来冲抵债务。同样在让与担保中，主张担保权构造说，将让与担保界定为担保物权，债权人占有担保标的物时，有权收取孳息。

基于内部的担保关系来说，在债务人清偿债务后，让与担保设定人可要求其返还。关于添附物，让与担保的效力不及于让与担保设定之后所形成的添附物，如果是以正在建造的不动产设定让与担保时，其效力只限于已经办理登记的部分，登记之后建造完成的部分不能作为让与担保的标的物。

第二，担保财产的利用与保管。担保财产的利用与保管自然是双方当事人有约定的从其约定。如果没有约定，一般来说，让与担保与法定的几种担保物权相比，让与担保包括不转移型让与担保和转移型让与担保。在不转移型让与担保中担保财产是由让与担保设定人占有使用，所以应当由让与担保设定人妥善保管担保财产，在占有期间，不得做出减损担保财产价值的行为，如果在担保期间作出减损担保财产价值的行为，应当作出相应的补救措施。如果让与担保设定人拒绝补救，债权人有权主张债权提前到期。同样，在转移型让与担保中担保标的物转移给债权人占有时，债权人享有的是担保权，在担保期间不得随意处分担保财产，并应当履行妥善保管义务，使用担保财产给担保设定人造成损失的，应当进行相应的补救措施。在转移型让与担保中，也会出现由让与担保设定人保管使用担保财产的情形。

第三，让与担保设定人的返还请求权。让与担保设定人的返还请求权是指当债务人依约履行债务时，让与担保设定人可以要求债权人返还担保标的物的权利。如果债务人未依约定履行债务，则无权要求债权人返还担保标的物。当所担保的债权消灭后，如若当事人之间没有相反的约定，标的物的所有权当然复归于设定人。

关于担保标的物的返还和债务的清偿之间有无先后之分？是遵循同时履行还是先履行清偿债务？日本最高法院曾经裁判过一个案件认为债务人履行债务在先，而债权人返还担保标的物在后。如果是同时履行抗辩的话，那么无疑会给债权人设定相应的负担，如在债务人履行债务之前债权人就要准备返还担保标的物或是准备注销登记等事宜。从各种理论中，认为应当由让与担保债务人履行债务后，才有权请求债权人返还担保标的物或者是变更登记，如此有利于平衡双方当事人之间的利益。假如说当债务人已经完全履行债务，而债权人怠于返还担保标的物或是变更登记，给让与担保设定人造成损失的应当进行赔偿，并且承担相应的违约责任；让与担保设定人也可以寻求公权力的保护，向人民法院提出返还之诉。

债务人先履行债务，债权人再返还担保标的物也是司法实践中的一贯做法。让与担保设定人的返还请求作为一项请求权，受到消灭时效的限制。关于让与担保设定人的返还请求权的消灭时效又如何定性？在实务界有两种观点：一种观点是只要债权能够实现（这里的实现可能是清偿期届满后一定期间内），债务人就享有返还请求权。此种观点认为只要债权能够最终实现，让与担保设定人就可以要求债权人随时返还担保标的物或是变更登记。另一种观点是债务履行期届满，债务人没有清偿债务，让与担保设定人的返还请求权即告消灭。认为第一种观点过分保护债务人的利益，而使得债权人的利益处于一种不确定的状态，妨碍债权人及时行使担保权。

债务人在债务清偿期届满一段时间之后清偿债务，行使担保财产返还请求权，此时债权人可能已经着手准备实现让与担保物权，或是依据约定债权人已经处分了担保标的物，此种情形将会引起纠纷，不利于债权人利益的保护。对于第二种观点，债务履行期限届满，让与担保设定人的返还请求权即消灭，此种情形也不利于保护让与担保设定人的利益，如债务人已经筹集到足额资金，由于某些原因可能未及时清偿，清偿期限届满，债权人就处分了担保财产，返还请求权就消灭了。

综上所述，为了平衡让与担保双方当事人的利益，规定让与担保设定人的返还请求权的存续期间是非常有必要的。让与担保设定人的返还请求权的存续期间可以是债务清偿期届满至让与担保实现前的一个时间段，如此既保护了债权人的权益，也给债务人一定的时间清偿债务并要求回复权利。另外，在债权人实现让与担保物权时可引入通知制度，如在处分型让与担保实现方式中，债权人把担保标的物处分给第三人之前，应当通知债务人，债务人清偿债务和支付相应的违约金后，也可以要求回复物权。

（2）对外效力。

对于第三人的效力。动产、不动产、权利等设定地让与担保一般的公示方式是"登记"。如此，第三人可以查询了解担保财产的权利状态，维护自己的合法权益，并有效地与其中一方进行交易。在以占有改定并经过登记的动产让与担保中，尽管登记作为其重要的公示方式，但是在现在的社会环境下，动产登记与不动产登记还是有区别的。

并不是每个与让与担保设定人发生交易的第三人都有义务去查询关于动产的登记状态，所以当让与担保当事人处分担保财产时也是有可能发生第三人善意取得的情况。但是如果说与让与担保设定人交易的第三方是金融机构的情况下，那么我们可以认为其存在过失，而不能发生善意取得。在让与担保设定人处分担保财产时，无论是转移型让与担保还是非转移型让与担保,让与担保设定人的处分都是有权处分,另外担保财产毕竟是登记在债权人名下或是已经移转于债权人占有,此时还需要债权人的同意。

当让与担保设定人处分由自己占有使用的动产时,此种让与担保已经完成了登记,债权人享有的担保物权并不会受到影响,债权人可要求债务人提前清偿债务或是提存转让价款。担保权构造理论认为即使担保财产登记在债权人名下,债权人也无权处分担保财产。但是,债权人处分担保的不动产、动产或权利时,第三人要是符合善意取得的要件时,是可以取得担保财产所有权的,由此给让与担保设定人造成的损害,债权人应当予以赔偿。

在担保权构造体系下,当第三人损害担保财产时,让与担保设定人有权请求停止侵害,排除妨碍,请求侵权人损害赔偿。在让与担保设定人怠于行使权利时,债权人可要求让与担保设定人行使权利;让与担保设定人如果不行使权利,债权人可要求债务人提前清偿债务或是增加提供相应的担保。

债权人与让与担保设定人的债权人的关系。担保期间让与担保设定人可能会被法院宣告破产,担保财产所有权移转于债权人,并由债权人占有,让与担保设定人的破产管理人是否有权要求取回担保财产?一般而言,让与担保设定人如果清偿了债务,那么其当然可以要求债权人返还担保财产。此时让与担保设定人清偿的是优质债权,不会损害其他债权人的利益。

然而,为了追求利益最大化,担保财产的使用价值和交换价值往往会发生分离,担保财产实际还是由让与担保设定人占有。那如果让与担保设定人没有清偿债务,债权人如何维护自己的利益?动产让与担保通常是非转移型让与担保,设立方式可采用登记。基于登记的公示公信效力,债权人享有别除权,和让与担保设定人的其他债权人相比在担保财产的价值范围内优先受偿。未受清偿的部分作为普通债权,和让与担保设定人的其他债权人处于相同的清偿顺位。

让与担保设定人与债权人的关系。在让与担保期间,同样会出现债权人被法院宣告破产的情形,而在债权人破产时,登记在债权人名下或是由债权人实际占有的财产会被债权人的破产管理人认为是债权人的财产,在破产宣告后变价清偿所有债权人。那么在这种情况下,让与担保设定人可否取回担保财产?在让与担保设定时,担保财产的所有权已经由债权人实际取得或是已经登记到债权人名下。

基于公示公信原则，债权人的破产管理人和其债权人会相信担保财产属于债权人所有。担保权构造说则认为让与担保当事人设定让与担保的本质目的是以移转担保财产的所有权来进行担保，所以债权人享有的是一种担保权。因此在债权人破产时，让与担保设定人享有取回权，不过需要让与担保设定人清偿债务，即使此时债务还没有到期。如果让与担保设定人在规定的时间不清偿债务，由债权人取得担保财产所有权，但是必须经过清算，多余的款项由让与担保设定人申报作为普通债权，不足的部分由让与担保债务人清偿。

让与担保债务人清偿债务取回担保财产，有利于让与担保债权人的债权人实现破产债权。在让与担保债权人破产时，破产管理人和其债权人重视以物换取现金，并且希望能够及时得到清偿。从这一方面来说让与担保设定人享有取回权，于己于人都是有利的，由债务人清偿债务，取回担保财产，是实现让与担保的最优方式之一，也符合设定让与担保的最终目的。另外，债权人在实际债权的范围内受到了清偿，让与担保设定人也可以有效地避免担保财产多余价值的丧失。

（二）股权让与担保

1. 股权让与担保的内涵

股权让与担保在担保合同层面和公司交易层面都有着密切的关系。

围绕着担保人（原股东）、担保权人（登记股东）以及标的股权公司三个主体之间，有着两种法律关系，即基于担保合同的担保法律关系，以及基于股权转让的公司法律关系（见图6-1）。

这两种法律关系共同对担保权人的股权行使进行规范，如果只是从其中一种关系进行规范与考量，就不可避免地会侵害到另一方面的法益，无法得出妥当的结论，因此需要对股权让与担保的权利构架进行多维度的透视。

（1）担保法律视角。

在《第九次全国法院民商事审判工作会议纪要》和《民法典担保解释》发布前，涉及让与担保的法律条文寥寥可数，更遑论对股权让与担保。因此，股权让与担保在学术界一直没有明确的法律规定，只是一个"描述性的概念"。当时学术界对于股权让与担保概念与规则的适用一般

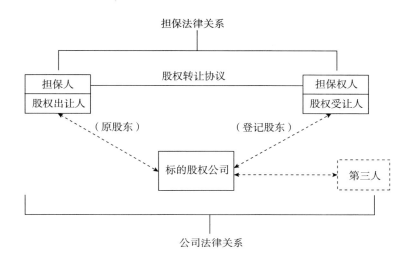

**图 6-1　股权让与担保法律关系**

基于让与担保法律关系，并将让与担保的标的物替换成股权。如让与担保是指"债务人或者第三人为担保债务人之债务而将担保标的物的财产权转移给担保权人，于债务清偿后，标的物应返还给债务人或第三人，债务人不履行时，担保权人得就该标的物受偿的非典型担保"，而"将股权代入上述定义中的'财产权'，即可得出股权让与担保的一般定义"。但是这只是套用让与担保的构造而得到的概念，并不能对股权让与担保的一系列争议做出回应。也有学者给出了股权让与担保的法律框架，其中涉及"担保人将享有的股权转让给债权人"的描述。

但是这些观点都没有对担保权人的股权行使做出规定。自《第九次全国法院民商事审判工作会议纪要》和《民法典担保解释》出台后，法律法规条文中终于有了对于股权让与担保的规定，其中也涉及了担保权人的股权行使。《第九次全国法院民商事审判工作会议纪要》第 71 条以及《民法典担保解释》第 68 条都对让与担保进行了规定，如"形式上转移"以及优先受偿而不是所有等。《民法典担保解释》第 69 条规定了股权让与担保的让与形式，是将股权转让至担保权人名下。虽然目前还是没有形成非常全面、系统的股权让与担保法律制度，但是在某些层面依旧可以为司法裁判提供指引。与此同时，随着现行法律对股权让与担保的承认，股权让与担保中的股权转让协议的效力得到了肯定，基于"物权法定原则""通谋虚伪""流质条款"等各方面对于股权让与担保的物权效力争议也终于尘埃落定。

其中"形式上转让"的规定对股权让与担保权人的股权行使进行了约束，甚至否定了担保权人的股权行使权利。《民法典担保解释》第69条规定，在股权让与担保的模式下，担保权人受让股权成为名义股东，此时股东的实际地位为担保关系中的担保权人，其中提及的"名义股东"也为担保权人的股权行使规范提供了一个新思路，也就是类推名义股东的股权行使规范。

（2）公司法律视角。

让与担保股权的财产权属性研究需要以担保法律关系为基础，而对股权行使的人身权属性研究，一定离不开公司法律关系的规范。根据《公司法》第32条的规定，就有限责任公司而言，股东的确定依据既包含内部登记也包括外部登记，目前股权让与担保中的担保权人都进行了外部登记，而且有很大一部分担保权人也进行了内部登记。从公司法的规定和立法精神看，股东的权利是通过对公司进行出资或是受让而来的，前者是原始取得，后者为继受取得。股权让与担保权人显然不是原始取得公司股权，那么其是否可以行使股权就在继受取得方面进行探究。

基于以上股权让与担保在公司法律关系中的权利构架，有观点认为可以将"公司法中的'名义股东'与'实际股东'对股权的行使范畴投射在股权让与担保关系中"。对于担保权人是否有权行使股东权利，如果参考名义股东的规定，那么其不具有实际的股东资格，不得对公司实质行使股东权利。但是目前学术界也认为需要考虑公司其他股东的知情或不知情状态，并以此作为担保权人是否可以行使股权的考量因素。

2. 股权让与担保的特征

股权让与担保的特征，体现在以下四个方面：

第一，股权让与是一个"隐藏行为"，这种特质决定了股权让与担保在事实上很难被第三方所知悉。

第二，权利可以合法转移。债权人是名义股东，但在依法办理登记之后，实际债权人或者债权人指定的第三人就会依法享有该股东权利。

第三，债务人资产到期之后是否仍然应及履行清偿相应债务，决定了该担保公司股权资产收益的真实去向。债权人依法还有权自由选择对其目标股权资产实行法定拍卖、变卖处置方式或可以依法折价优先偿，前提是债务人逾期未清偿到期债务时，但也无法再要求取得到期的目标股权所有权。

第四，担保对象的范围可以扩大到即将发生变化的未明确债权。

3. 股权让与担保与相关概念辨析

（1）股权让与担保与股权质押。

第一，股权让与担保属于非典型担保，股权质押是《民法典》规定的担保物权。非典型担保一般包括权利转移和转化。就让与担保制度而言，转让资产抵押的设定人通常能继续独占和使用抵押物，但担保物的管理权或其他财产权利可以转让给债权人，在债务人将义务履行完毕之前，转让人的权利并不转移。因此，非典型担保通常由抵押物的所有权来保证，以确保债权人债务的顺利实现。从《民法典》第 443 条明确来看，质押权在办理质押登记时成立。股权质押通常以其担保权来保证债务的实现。

第二，股权让与担保对比股权质押具有制度上的优势。在股权让与担保中，让与担保的设定者以财产权（主要是所有权）为担保，债权人对担保物的权利不再是附属于所有权的他物权，而是比其他物权具有更高效力的自物权。从这个意义上说，股权让与担保的实施效果应该比股权质押的实施效果更强。因此，股权让与担保作为一种非典型担保，其相较于股权质押的制度优势，表现在取得所有权的方式更灵活。

根据《民法典》第 436 条，股权被司法冻结，只有在偿付到期后，经被拍卖或协商程序才能真正取得股权的所有权。而股权让与担保尊重当事人意思自治，在担保成立时，就从法律形式上实际控制被担保的股权。

第三，权质押执行变现程序。较之股权让与担保更复杂股权质押进入执行程序后，需要评估，法院依据评估报告拍卖股权，其执行变现程序复杂而漫长，债权人的长期利益和机会成本损失难以保障；而股权让与担保，由于实践中并没有法院依法评估股价这一程序，相对更加简单、快速、高效。

（2）股权让与担保与股权转让。

从司法实务中的诸多案例来看，实践中对如何区分股权让与担保与股权转让的认识较模糊，因此，有必要对股权让与担保与股权转让加以区分：当事人意思表示内容不同。在股权转让的情境下，双方的真实意图是转让股权；在股权让与担保的情境下，双方的真实意思表示是通过股权转让为主合同提供担保。通过探究双方的真实意思表示，可以作为区分股权转让和股权让与担保的判断依据。

### 三、非典型担保

#### （一）非典型担保的含义

目前，我国担保制度采用的是民商合一的立法体制，将民商事担保纠纷一体规制，但是金融领域更为强调低成本和高效率，现有的以民事担保为主的担保方式显然无法满足金融市场交易需求，于是更多的创新性较强、简便高效的金融担保方式被创设出来，其中不乏未被法律明确规定的非典型担保形式。问题在于，非典型担保在实践出现的频率越高，司法审判与市场需求之间的冲突就越鲜明。一方面，非典型担保的法律性质不明确以及法律适用依据不清晰的问题给司法出了难题；另一方面，对担保纠纷采用民事一体规制的思路是否有利于非典型担保的创新性发展，也是亟须解决的难题。

法律为了保障债务人履行债务，明确债务人必须提供一定的责任财产作为担保品，由此可见，担保制度本质上是一种为了保障交易安全、提高交易效率的制度。但是现有担保制度并不能满足市场主体日益增加的多样化融资需求，因此商事交易实践中出现了大量的市场主体根据交易需求和交易特点自发对担保体制进行创新的行为，如让与担保、所有权保留等，这些担保方式突破了资源优化配置的障碍，促进了闲散资源的有效利用，也被称为非典型担保。非典型担保牵动了交易市场的筹资生机，刺激着金融工具的持续革新，助力有体物和财产性权利的担保价值的发挥，从形式上看，我国担保法律制度中的类型化担保类别已难以覆盖这些新类型担保。

非典型担保是在交易实践中被创设和运用，不属于法律明文规定的担保类型，不具有典型意义的一种担保方式。相较而言，在《民法典》中具有典型意义的担保方式包括抵押权、质权、留置权、保证和定金。非典型担保和典型担保是一组相对的概念，在质的方面依然属于担保范畴，区别在于前者缺乏法律层面的详备调整，属于法律尚未进行缜密安排、但符合担保的特征规定的措施。相较于典型担保，非典型担保具有以下三个特点：

第一，非法定性。区别于典型担保的法律适用清晰、法律效力明确、权利义务翔实的特征，大量的非典型担保起源于创新，发起于实践，还未被法律所认可，因此法律适用、效力、权利义务等方面还未法定化。

第二，开放性。眼下日益增多的担保标的成为非典型担保的对象，为了充分扩大物的功用，提高担保功能，非典型担保借助拓宽担保财产的范畴，使得担保形态变得多样化和丰富化。

第三，实现方式便捷。区别于典型担保中债权人需要将对担保物行使处分权的方式才能实现担保物权，在非典型担保中，双方通过合同合意便可完成担保权利的实现，省去了诉讼的费用和精力耗费，该种方式更为便捷灵活，对于债权人管控担保物的价值大有裨益，使经济发展中担保物的金融价值能够得到充分利用。

纵观全球关于非典型担保的规定，很多国家为了规避法定担保的不足而发展了非典型担保制度。我国也不例外，《民法典》在既往民商事担保法律及实践基础上对担保制度作出了制度变革与创新，首次认可了非典型担保的效力，第388条采用了功能主义的界定方式，将诸多非典型担保模式纳入担保范围，对于非典型担保的发展而言，是很大的制度进步。

另外，《第九次全国法院民商事审判工作会议纪要》和《民法典担保解释》也为非典型担保的创新发展留下了空间。《第九次全国法院民商事审判工作会议纪要》第四章专章规定了非典型担保，从第66条到第71条，分别规定了担保关系的认定、约定担保物权的效力、保兑仓交易和让与担保。《民法典担保解释》中第四章第63条至第70条也对《民法典》中特别提及的"具有担保功能"的非典型担保作出了进一步细化规定。

在大量的非典型担保中，《第九次全国法院民商事审判工作会议纪要》对让与担保制度与保证金制度的担保功能予以了肯定，并对二者担保效力的判断路径分情况作了细化阐述，《民法典担保解释》采纳了此种规制理念，在规范条文的设计上也作出了大致相同的处理。而对于其他在实践中广为运用、同样具有担保功能和效果的新类型担保，如融资租赁、所有权保留与保理制度，《民法典担保解释》也将其明确为独立的担保方式，除此之外，《民法典担保解释》第63条还借鉴了《第九次全国法院民商事审判工作会议纪要》第67条，以一个开阔的立法态度给其他尚未明确的非典型担保留下了可解释的空间，明确双方当事人约定的新类型担保的合同原则上有效，担保物权效力应按照物权法的登记规则来判断。上述立法变化反映了我国法律正在以一个开放包容的态度对待非典型担保，以求在更大程度上尊重双方当事人的意思自治。

（二）非典型担保的使用者收益

非典型担保的效力确认是我国功能主义担保观的最新运用，我国担保权利类型自 1995 年《担保法》实施到《民法典》的出台期间一直受限于物权严格法定的束缚，不能很好地回应市场需求，这导致实践中出现"地下担保""阴阳合同"的事件频发，部分司法裁判也会因为没有法律依据做出显失公平的合同效力或者合同性质的认定，在这个背景下，非典型担保物权效力的出现一定会处于使用者收益的高位区，此时的非典型担保的方式往往是市场中已经形成交易习惯的，尚不存在边际社会利益小于成本的可能性。

非典型担保（功能主义担保制度）之所以成了缓和物权法定原则的开端，是因为该权利的使用者或者潜在使用者给了其较高的价值评价，如果把法律中的权利义务看作一种特殊的市场，那么法律对权利的界定就如同一种商品的销售许可，依照波斯纳定理："如果市场交易成本过高而抑制交易，那么权利应赋予那些最珍视它们的人。"

在《民法典》出台前各种不被法律承认的新物权形式中，非典型担保和居住权的脱颖而出代表着该权利商品价值相对较高，而同时，系统成本因为各种偏僻的物权类型而提高，非使用者也需要辨别这些已经种类繁多的物权付出估量成本，因此，在功能主义视角下，物权类型只有被创设得越来越多时，他们的社会边际效益才会越来越低；而本章所探讨的功能主义缓和物权法定原则的效率，是我国进行物权扩张的初级阶段，显然还不属于该情况。

非典型担保的使用者收益来自其作为物权的对世性，对世性在使用者的效率价值评价中主要表现为便利性与权威性的特征。从便利性角度来看，非典型担保的创设属于借用了物权制度来避免权利人需要对每一个涉及该财产的人订立防范侵害与利用该物的合同，确认物权的效力与归属犹如在农场四周建设了一圈篱笆，权利人不需要对每一个路过农场的人提示该菜地的所有权及不可侵犯义务，担保市场中的非典型担保的使用者因此可以省下很多交易过程成本。

从权威性角度来看，非典型担保作为一种法律承认的新型担保权，将会给市场中更多的融资者提供可靠的融资渠道，促进了担保市场的活力，最重要的是，这种权威性会带来稳定的法律后果预期，从而减少融资者与投资者的法律风险和判决的稳定性，节约司法资源，将矛盾纠纷化解在诉讼前，实证数据也证实了这一点，截至 2022 年 5 月，笔者对中国裁判文书网上检索的 2020 年与 2021 年有关担保合同纠纷的民事案件相关数据进行了统计分析，如表 6-1 所示：

表 6-1　担保合同纠纷判决书数量信息统计结果　　单位：件，%

| 年份 | 全年民事判决书数量 | 引用无效条款的判决书数量 | 引用无效条款的判决书所占比重 |
|---|---|---|---|
| 2021 | 123471 | 1079 | 8.739 |
| 2020 | 166496 | 4833 | 2.895 |

资料来源：本数据来自中国裁判文书网检索。

从表 6-1 中可以看出，自 2021 年 1 月 1 日《民法典》实施以来，该年关于担保合同纠纷的民事判决的数目相较于 2020 年绝对量下降 43025 份，同比下降 25.9%，在这些担保合同的民事判决中，2020 年引用当时施行《中华人民共和国合同法》的无效事由条款占据了 4833 份，占比接近担保合同纠纷的 3%，而这一数据在 2021 年下降到 1079 份，同比下降 77.7%，占当年担保合同纠纷仅 9‰左右，由此可见，作为一种法律承认的新型担保权，非典型担保不仅提供了多样化的融资方式还提供了权威性的风险纠纷预期，这种权威性较好地化解了关于担保合同认定的司法纠纷，为担保市场多元化的资金借贷方式提供了法律依据，是该物权使用者收益的重要来源。

# 第二节　金融担保中的保证

保证是指第三人与债权人约定，当债务人不履行债务时，由该第三人按照约定代其履行债务或承担责任。

保证是债的一种担保方式，在保证关系中，除债权人和债务人外，担保债务人履行债务的第三人是保证人。

保证也是债的一种产生方式，保证并非仅仅是责任，而是一种债务。保证人也是债务人，保证债务性质上是对主债务的履行承担担保责任的债务。

保证债务是以主债务的存在或将来可能存在为前提，因主债务的消灭而消灭，是附属于主债务的从债务。

保证与抵押权、质押权和留置权等物权担保不同，属于人的担保，即以保证人的信誉和不特定的财产来确保债权人债权的实现。保证相对于抵押、质押和留置等担保形式而言，具有手续简便、有利于当事人操作等优点，所以在实际生活中运用十分普遍。

## 一、保证与保证人

### （一）保证

我国《担保法》第 6 条将保证定义为："保证人和债权人约定，当债务人不履行债务时，保证人按照约定履行债务或承担责任的行为。"我国香港地区的法律属于英美法系。英美法系认为，保证本质上是一份合同，由一个人（保证人）向另一个人（债权人）承诺为他人（债务人）的债务、过失或错误负责。我国澳门地区的法律属于大陆法系。《澳门特别行政区民法》认为，保证就是担保满足债权的保证人，对债权人承担的个人义务。我国台湾地区《民法》第 739 条则定义为，称保证者，谓当事人约定，一方于他方之债务人不履行债务时，由其代负履行责任之契约。不论祖国大陆与港澳台地区对保证的定义存有这样或那样的差异，但有一点是共同的，即在保证关系中，共有三方当事人：债权人、债务人和保证人。在保证关系中，保证人的地位至关重要，因为保证人的履约能力直接关系到所保护的主债务的履行。

### （二）保证人的条件

具备怎样的条件才有资格充当保证人？

我国《担保法》第 7 条规定："具有代为清偿债务能力的法人、其他组织或公民，可以做保证人。"由此可见，"代为清偿债务能力"是第三人充当保证人的一个前提条件。因为如果保证人无能力清偿主债务，即使债权人与其存在着保证关系，也无法履行债务人届时不履行债务时由其保证履行的债务。

所谓清偿能力，主要是指保证人所拥有的承担保证责任的能力。保证人的财产可以是货币，也可以是实物；可以是动产，也可以是不动产；可以是有形财产，也可以是无形财产。

为了保证债权人的债权得以实现，保证人向债权人提供保证时，其所拥有的财产应该大于所担保债务的数额。因为保证人拥有的财产小于所担保的债务，则债权人的合法权益就得不到切实的保障，就贬损甚至失去了保证作为担保制度的积极意义。

保证虽属于人的担保，但其基础是保证人的"物"的拥有程度，所以强调保证人的代为清偿债务能力是有其积极意义的。

## 二、保证的方式

保证按保证人承担保证责任的不同，可分为一般保证和连带责任保证两种方式。

（一）一般保证

所谓一般保证，指保证人享有先诉抗辩权的保证。即一般保证的保证人在主债务未经债权人向债务人提起诉讼请求或仲裁裁决并强制执行而无效果前，有权拒绝承担清偿债务的保证责任。

我国《担保法》第 17 条规定，当事人在保证合同中约定，债务人不能履行债务时，由保证人承担保证责任的，为一般保证。一般保证的保证人在主合同纠纷未经审判或者仲裁，并就债务人财产依法强制执行仍不能履行债务前，对债权人可以拒绝承担保证责任。

（二）连带责任保证

所谓连带责任保证，指保证人不享有先诉抗辩权的保证。即连带责任的保证人在主债务未经债权人向债务人提起诉讼或裁决请求前，无权拒绝承担清偿债务的保证责任，也就是保证人与主债务人连带负担债务履行的保证。在连带责任保证下，债权人在主债务期限届满时，可以选择请求主债务人或保证人予以全部履行。

连带保证不同于保证连带，后者指在有共同保证人的情况下，如保证人间不约定保证份额时，各保证人间应承担连带责任，即任何一个保证人均应对全部债务承担保证责任。但各保证人仍享有先诉抗辩权。所以共同保证虽发生保证连带，但不当然发生连带保证。

《担保法》第 19 条规定，如果债权人与保证人对保证方式没有约定或者约定不明确的，保证人就得按照连带责任保证承担保证责任。从立法宗旨而言，我国《担保法》的规定更有利于保护债权人的利益。换言之，当事人若没有约定或约定不明的情况下，保证人承担的是较重的保证责任——自动丧失了先诉抗辩权。我国《担保法》的规定，反映了对保证人责任从严的精神，也是为了适应其市场经济初始阶段经济秩序不很规范，需要从法律上帮助保证人加强保证责任意识，明确保证责任的要求。

【案例分析】

案例一：联营合同内容不合法，保证合同也无效。

上海国有 A 公司于 1996 年与浙江某县 B 公司签订了一份联营合同，双方各投资 350 万元在该县设立了 C 公司。根据联营合同，由 B 公司负责 C 公司的经营管理，A 公司每年从 B 公司取得其在 C 公司投资的固定利润 50 万元，B 公司的关联企业 D 公司作为保证人向 A 公司出具了保证 B 公司每年按时向 A 公司支付固定回报的"保证函"。C 公司设立后，由于产品在市场上缺乏竞争力，致使产品大量积压，亏损严重，自公司成立后的三年里 B 公司从未向 A 公司支付过联营合同项下的固定利润。在屡次催讨无效的情况下，A 公司于 2000 年向法院起诉 B 公司，要求其支付未支付的固定利润和解除联营合同，并将 D 公司也列为共同被告，要求其承担支付固定利润的连带保证责任。

在法庭审理中，B 公司和 D 公司声称联营合同中关于 A 公司收取固定利润的内容是明为联营，实为借贷，违反了有关法律，是无效合同。既然作为主合同的联营合同无效，那么作为从合同的保证合同也无效，据此要求法院驳回 A 公司的诉讼请求。

法院审理后认为 A 公司、B 公司在联营合同中有关固定利润的约定，是明为联营，实为借贷，是以合法形式掩盖非法目的，违反我国有关金融法规，应属无效合同，判决解除联营合同，由 B 公司向 A 公司归还 350

万元本金（投资款）。由于主合同无效导致担保合同也无效，因此 D 公司不应承担保证责任。但由于 D 公司明知联营合同中的固定利润是非法约定，却仍然出具了保证函，具有主观上的过错，仍应承担一定的民事责任。根据最高法院关于适用《担保法》的司法解释第八条的规定，判决 D 公司承担民事责任的部分为 B 公司不能清偿部分的 1/3。

判决生效后，B 公司向 A 公司支付了 80 万元而无力清偿剩余的 270 万元，D 公司遂根据判决向 A 公司偿付了 90 万元。

分析：这起案例中，由于 A 公司与 B 公司签订的联营合同无效，导致了其与 D 公司间的担保合同无效，最后仅收回 170 万元投资款，损失了 180 万元。

案例二：印章多了三个字，千万债权落了空。

1999 年，某市一纺织厂向一商业银行短期贷款 1100 万元，银行要求纺织厂提供担保，但纺织厂已将其房屋等不动产设置抵押作为其他债权的担保，遂向银行提出由该市纺织行业一家上市公司作为保证人。由于上市公司商业信誉较好，银行接受了这一保证，在银行与纺织厂的贷款合同中，上市公司在保证人处盖上了该公司办公室的印章。由于该纺织厂未按期偿还银行借款，银行便向债务人纺织厂和保证人上市公司发出催款通知书。在屡次催讨无果的情况下，银行将纺织厂和上市公司作为被告起诉于法院。

在法院审理时，纺织厂对借款的事实没有异议，但强调纺织厂目前经营相当困难，已资不抵债，等待破产，根本无力偿还银行的这一贷款。在银行要求追究上市公司的保证责任时，上市公司则指出，贷款合同上保证人处盖的是上市公司办公室的章，而非上市公司的章，办公室是上市公司的一个职能部门，根据法律规定，职能部门不能对外提供担保，因此请求法院驳回银行要求上市公司承担保证责任的诉讼请求。银行认为，上市公司办公室的印章是上市公司总经理提供的，是上市公司愿意承担保证责任的真实意思表示，因而坚持要求上市公司承担连带责任保证。

法院审理后认为，企业法人的职能部门是企业法人的内部机构，不具有以自己的名义独立地对外从事民事活动的资格，《担保法》第 10 条明确规定："企业法人的分支机构、职能部门不得为保证人。"据此，判决认定上市公司办公室与银行间的保证合同无效，驳回银行要求上市公司承担保证责任的诉讼请求。银行不服一审法院的判决，遂上诉于二审法院，理由是上市公司明知其职能部门是内部机构，不能对外订立保证合同，却仍然在银行向纺织厂的贷款合同中盖上其办公室的印章，应承担过错责任，要求上市公司赔偿银行向纺织厂的贷款损失。

二审法院审理后认为，最高法院关于《担保法》的司法解释第18条明确规定："企业法人的职能部门提供保证的，保证合同无效。债权人知道或者应该知道保证人为企业法人的职能部门的，因此造成的损失由债权人自行承担。"银行知道或者应该知道上市公司的办公室是上市公司的一个职能部门，是不能对外签订保证合同的，却仍然与之订立保证合同，根据法律规定，上市公司不仅不承担保证责任，而且也不承担任何民事责任，银行因此而遭受的损失，由银行自行承担。二审法院作出了驳回上诉，维持原判的裁定。

分析：这起案件中，银行由于疏忽未注意贷款合同中保证人一栏处盖的是上市公司办公室的印章而非其公司印章，就是印章上多了"办公室"三个字，却使银行1100万元贷款的保证无效，失去了本应实现的债权。

在社会经济生活中，有的债务人在向银行借款期满后不能归还时便往往与银行协商采取以新贷还旧贷的办法，这在存在担保的情况下是会产生相关法律问题的。

案例三：协议以新还旧，导致保证无效。

某市一商业银行向一贸易公司贷款800万元，期限为6个月，用途为流动资金周转，由市农机公司作为保证人。借款期满后，贸易公司除向银行支付了利息外，无力依约向银行归还本金，农机公司此时也正面临破产的境地。

银行与贸易公司商议后，决定采用以新贷还旧贷的方法解决逾期贷款问题，并要求贸易公司提供一家经营情况好的证券公司作为保证人承担连带责任保证。新的贷款数额为800万元，合同期限也为6个月，用途与旧贷相同，某证券公司为保证人。新贷合同签订后银行即向贸易公司放款，贸易公司在收到款项后的下午将该款归还银行，作为旧贷的还款。新贷期满后，贸易公司仍未依约还款，银行便将贸易公司和证券公司一起告上法庭，要求证券公司承担连带责任。

证券公司了解前述事实后，认为银行与贸易公司并未告知其新贷与旧贷实际是同一笔贷款，新贷系用于归还旧贷，违反了有关法律规定，属于骗取其保证的行为，根据《担保法》第30条的规定，证券公司不应承担保证责任。银行则辩称，新贷和旧贷是不同的两笔贷款，新贷的用途为流动资金周转，现借款人将其用于归还旧贷，并未超出合同约定的用途。

一审法院接受了银行的观点，判决证券公司应承担保证责任。证券公司不服一审判决而上诉，但二审法院裁定驳回上诉，维持原判。无奈之下，证券公司只得向最高法院提起再审申请。最高法院经研究，作出了指令该市高级法院再审的裁定。高级法院经再审后作出判决，认定银行与贸易公司后一个借款合同属于以新贷还旧贷，最高法院关于《担保法》的司法解释第39条规定："主合同当事人双方协议以新贷偿还旧贷，除保证人知道或者应当知道的外，保证人不承担民事责任。"据此，证券公司不承担保证责任。

分析：上述案例中，银行与贸易公司自以为很聪明，试图通过新贷合同中的保证人承担保证责任的方法将银行面临的风险转嫁至证券公司，但其违反了法律的规定，最终导致保证的无效。

## 第三节　金融担保中的抵押与质押

### 一、金融担保中的抵押

抵押指债务人或第三人不转移其对某一财产的占有，而将该财产作为债权的担保，债务人不履行债务时，债权人有权依照法律的规定，以该财产折价或者以拍卖、变卖该财产的价款优先受清偿。

一般而言，抵押权和质押权、留置权都从属于物权范围，所以又称为担保物权。抵押权作为一种物权担保形式，在商品经济中运用得非常广泛，受到了普遍的欢迎，被誉为"担保之王"。其主要原因在于：

第一，抵押权的设置，不会减弱债务人清偿债务的能力。由于抵押不转移对特定财产的占有，债务人可以继续享有抵押标的物的占有权及利用权，可以用收益充作债务的清偿资金，这就为债务人到期偿还债务创造了条件。

　　第二，抵押权的设置，不会增加债权人的负担。由于抵押物不转移占有，所以债权人（抵押权人）没有自己直接利用（如生产或保管等）抵押物的不便和额外支出，具有经济上的合理性。

　　第三，抵押权的成立比较方便。根据法律要求，有的抵押物需进行登记，有的则由当事人自行约定。因此，当事人只要达成协议以及到登记机关办理登记手续即可完成。

　　总之，抵押担保一方面为债权人的债权实现提供了可靠的保障，另一方面又不致因抵押的设置而影响抵押物的利用，满足了市场经济主体渴望的交易的安全与效益这一双重需求，是一种非常理想的物权担保形式。

　　（一）抵押权的成立

　　抵押权一般按当事人间的合同及登记而成立，抵押权的成立，不以标的物占有的转移为必要。

　　抵押合同，为物权合同，其成立在大陆和港澳台地区均要求以书面形式。在抵押合同中，一方当事人为抵押权人（债权人），另一方当事人为抵押人。抵押人可以是债务人，也可以是第三人，但抵押人对于标的物即抵押物须有处分权及处分的行为能力。如果仅有标的物的所有权而没有处分的行为能力，是不能作为抵押人的，如破产人是不可以在其财产上设定抵押权的。相反，如果没有标的物的所有权而有处分权，则是可以作为抵押人的，如我国以有偿转让方式获得土地使用权者，尽管土地的所有权属于国家，但土地的使用权在一定的期限内归其处分，所以就可以成为该土地使用权的抵押人。

　　抵押合同，不仅需要书面形式，有的根据其抵押物性质，还要经登记始得生效。我国《担保法》第41条规定，不动产和部分动产的抵押合同须经登记而生效。根据香港《动产抵押契据条例》第7条规定，不论是不动产抵押还是动产抵押，均以登记为抵押契据生效的条件。其法律规定，动产抵押契据在签字后7天内需进行登记。否则，如动产抵押担保是以价金支付的，则该抵押担保物是无效的。其他的动产抵押如未经登记，如果该抵押动产在提出破产或清算申请、进行转让等情况下，动产抵押契据被认为是欺诈性的和无效的。同时，《动产抵押契据条例》第9条还要求动产抵押契据应经见证。根据抵押担保的债权不同，见证的要求也不同。如果动产抵押契据是作为对支付价金的担保，转让人对契据的签字应由除抵押契据当事人之外的一个或几个可信赖的人见证。如果其他动产抵押契据是在香港签字的，则转让人对契据的签字应由最高法院的初等律师见证；如果是在香港境外签字的，则应由地方长官在最高法院主持宣誓。

债权人即抵押权人享有优先受偿权，反过来，债务人却不得借口以己有抵押担保为由，拒绝清偿债务，即债务人不享有要求债权人先行行使抵押物权利的抗辩权。

（二）特许经营权的抵押

从特许经营权的性质分析特许经营权整合担保宜选择抵押方式。我国现行立法对权利用于担保并没有明确的分类标准，但根据我国现行法律规定可以发现，建设用地使用权、海域使用权、采矿权、探矿权等权利指向的对象多与不动产有关，特许经营权的标的物，会涉及自然资源、基础设施等不动产，从权利指向的对象分析，按照标的物属性标准来判断的话，特许经营权整合担保置于抵押体系下更为合适。另外，根据担保物权的基本法理，质权的性质是非用益型担保，质权设立后，无论是质权人还是出质人，都没有权利就担保物为使用、收益；抵押权的性质是用益性担保，抵押权设立后，抵押人还可就担保物为使用、收益。

特许经营权用于担保后，特许经营者还需要就担保物为使用、收益，并不转移占有，结合占有方式标准进行判断的话，将特许经营权作为质权担保不符合担保物权的基本法理，以其作为抵押客体更符合特许经营权的性质。在无法律、行政法规明确特许经营权属于可出质的财产权利的情况下，根据物权法定原则，将其作为抵押财产也是便宜之道。

我国《民法典》对抵押财产持开放态度，凡是法律、行政法规未禁止抵押的财产均可作为抵押财产，这就为特许经营权作为抵押财产留下创新空间。《民法典》第 395 条第 1 款第 7 项法律、行政法规未禁止抵押的其他财产中的"其他财产"从文义解释应包括权利质押的客体，但势必造成抵押财产和质押财产界限的混乱，"其他财产"可能包含的"其他财产权利"在解释上应以不动产权利为限。《民法典》增设海域使用权作为抵押权的标的也体现了担保自由趋势。特许经营权难以解释为前六项抵押财产，但因其性质与建设用地使用权和海域使用权存在很多相似之处，具有不动产权利性质，特许经营权可以归入法律、行政法规未禁止抵押的其他财产之类中。

与对抵押财产的包容不同，我国《民法典》对可出质的权利限定较为严格，必须是法律、行政法规明确规定可以出质的其他财产权利才可以出质，特许经营权明显无法解释为现有的可出质权利类型。国外立法也有将特许经营权用于抵押的立法例可供参考。如 1889 年颁布的《西班牙民法典》将市政公用事业的特许经营权纳入不动产范畴，担保时适用抵押的规定。

日本在 2011 年修订《利用民间资金促进公共建设完善法》时规定了公共设施运营权制度，并在第 25 条明确公共设施等的经营权，除了转让、强制执行、行使抵押权的目的以外，是不能成为权利的目标的，也明确公共设施运营权可以设置抵押权。

目前，特许经营相关规范着重保护公共利益，这也是特许经营的出发点和落脚点，保护特许经营项目承载的公共利益仍然是重中之重。所有特许经营担保制度设计都应考虑公共利益，如果制度设计损害公共利益，便有违特许经营初衷。所造成的恶果不仅是损害特许经营担保制度，还会对特许经营制度本身产生恶劣影响。但为了特许经营担保制度的构建，应当平衡特许经营项目公共利益与经营者权益，平衡并非损害一方、利于另一方，而是通过平衡使公共利益和经营者权益都能得到有力保障，其最终实现的结果也是公共利益的最大化。

担保物权的核心是处分权，只有对担保标的物拥有处分的权利才能在其上设置担保物权。特许经营权整合担保制度的构建依赖于特许经营权私权属性和财产属性的强化，进而确认特许经营者拥有处分该特许经营权并设置担保物权的权利。我国立法要平衡两种利益之间的关系，既要强调特许经营项目的公共利益，也要强调特许经营权的私权属性和财产属性，除明确特许经营权是特许经营者依法享有、受法律保护的民事权利外，还需要配套相应的措施使得特许经营者权利受到侵害时能有效寻求救济。

特许经营权整合担保的具体机制如下所述：

1. 主体

特许经营权整合担保人是特许经营者。特许经营者系特许经营权的权利人，其可以依法在满足特定条件时对特许经营权进行相应的处分，并利用特许经营权设定担保物权进行融资。特许经营权的担保人虽然是特许经营者，但并不意味着特许经营者拥有单独处分特许经营权，担保还需要取得行政部门审批。特许经营权的担保物权人应当限制在银行等传统金融机构。特许经营并非很多人误以为的暴利项目，其公益属性决定了利润率不可能太高。现在有些项目发展情况是行政机关很热情，但社会资本反应却很冷淡，一部分原因便是项目投资大、利润率低、周期长。

这与社会资本的逐利本性刚好相反，社会资本更中意投资小、利润率高、周期短的项目。在低利润率的情况下，社会资本能够选择的融资渠道基本只有银行贷款。同时，为了公共利益的维护也不允许以特许经营权为担保标的物向传统金融机构外的第三方融资，因为特许经营项目的低利润率无法支撑第三方融资机构的高利率，势必会对特许经营项目产生极高风险。特许经营权的被担保人也只能是本项目的特许经营者或者与项目相关的特许经营项目的特许经营者。特许经营项目关系广大人民群众生产生活，其公益性决定了特许经营项目不应有过于频繁的变动，否则会对社会公益利益造成潜在或直接的损害。将特许经营为其他项目担保会增加特许经营风险，损害公共利益，这是不符合特许经营立法目的的。

此外，银行低风险偏好也决不允许贷款资金注入其他高风险项目中去。特许经营权整合担保融资投入到特许经营项目之上，既能确保公共利益不致受损也能确保特许经营项目正常运营降低贷款违约的风险。特许经营项目也会与其他项目产生关联，如供水项目可能会与污水处理项目存在直接关系，此时特许经营项目之间相互担保融资并不会增加特许经营项目风险，反而有利于特许经营项目的共同发展。但相关的项目也必须限制在特许经营项目，一来可以限制范围和数量，二来均是特许经营项目能够尽可能降低风险。

以上多种原因决定了特许经营权的被担保人是本项目的特许经营者或者与项目相关的特许经营项目的特许经营者。

2. 客体

特许经营权整合担保法律关系客体为特许经营权，其本质上是一种财产权利。特许经营权的具体类型与行政特许的具体类型一致，明确行政特许的具体内涵就能明确特许经营权整合担保的客体。行政许可法将行政特许分为有限自然资源开发利用、公共资源配置以及直接关系公共利益的特定行业的市场准入三类。但该分类过于粗糙且内涵没有界定，需要进一步分类。

关于有限自然资源开发利用的范围。有限自然资源的具体类型可以参考民法典的规定，民法典规定的属于国家所有的自然资源包括矿藏、水流、海域、无居民海岛、城市土地、森林、山岭、草原、荒地、滩涂、野生动物资源等，这些明确属于国家所有的自然资源的开发利用事项可以作为特许经营的对象。关于公共资源的界定较为困难。目前尚没有相关立法对何谓公共资源以及公共资源的类型作出统一划分，对公共资源的定义在经济和法学理论上仍有许多不同的认识，理论上多认为自然资源属于公共资源。行政许可法将自然资源与公共资源并列，很明显在行政许可法层面认为公共资源是不包含自然资源的。行政许可法释义认为公共资源包括各种市政设施、道路交通、航空航线、无线电频率等。不同于行政许可法的认可，地方性规范多认为公共资源包括自然资源，且公共资源的范围也远远超出行政许可法释义中界定的范围。

2021年10月1日实施的《上海市公共资源交易管理办法》未对公共资源进行定义，而是直接列举了公共资源交易事项，包括：

（1）房屋建筑、市政、交通、水利、能源、信息网络等工程建设项目招投标。

（2）土地使用权、取水权等自然资源使用权交易。

（3）国有资产股权、国有知识产权、国有技术、农村集体资产等产权交易。

（4）货物、工程、服务等政府采购。

（5）基础设施和公用事业特许经营、政府和社会资本合作经营、公共空间广告经营、市政公用设施及公共场地承包经营等经营权交易。

（6）政府举办的体育赛事承办运营权、冠名权、赞助权、转播权等无形资产交易。

（7）碳排放权、用能权、排污权等环境权交易。

（8）机电设备、机电产品等招标采购。

（9）司法机关和行政执法部门依法开展的涉案资产处置。

（10）其他法律、法规、规章或者市人民政府认为应当列入交易目录的。

可见，许多地方对于公共资源的认识不同于行政许可法的规定，列举的公共资源类型极为广泛，已经明显超出行政特许层面理解的公共资源类型，将一些明确可以认定为传统财产理论中的财产纳入进来。

在对公共资源进行界定时，可以由法律统一公共资源的内涵，并授权给行政主管部门对其主管范围内适宜授权特许经营的公共资源制作目录，使特许经营范围既灵活又明确，不至于过于死板而无法调整，也不至于因过于宽泛而失去操作执行的可能。

3. 登记

虽然特许经营权整合担保属于权利担保，但由于目前特许经营权整合担保类型尚未得到立法认可，并且特许经营权整合担保具有较为明显的不动产属性，不应直接根据前述决定得出特许经营权整合担保应纳入动产和权利统一登记范围。

特许经营权整合担保事宜由行政主管部门登记，不宜统一登记。世界各国从部门行政法角度，往往对不同的行政许可（特许）采取分散式立法方式分别予以规制。特许经营权类型较广，通过特许经营协议方式设立，且随着生产关系变化、技术进步，旧的特许经营类型会被淘汰，新的特许经营类型出现，将其纳入统一担保范围会造成登记机构的困扰。

通过分析未纳入统一登记范围的动产和权利担保可以发现，这些动产和权利担保已经在其他立法或实践中形成了固定的登记机构，其行政主管部门十分明确，不纳入统一担保范围不会影响担保融资效率。特许经营权也是如此，只有其行政主管部门才能授予其特许经营权，其归口管理部门相当明确，授权部门即为主管部门。

特许经营权整合担保不同于其他财产担保，由于其低利润率的限制导致其融资渠道基本限定在银行，其担保物权人限定为银行而非广泛的市场主体。另外，特许经营权整合担保必须经行政主管部门批准，担保贷款周期较一般财产担保贷款更长，并且特许经营权的垄断属性决定了一个区域内的特许经营权数量是有限的，况且一个长达几十年特许经营项目可能只需要担保一次，不存在频繁担保追求担保融资效率这一需求。因此，特许经营权整合担保由其行政主管部门登记即可，不宜统一登记。特许经营权整合担保公示规则应采登记生效模式。

登记对抗模式下，物权变动不以登记作为生效要件，只是未经登记不产生对抗第三人的物权效力而已。具体到特许经营权整合担保来看，特许经营权的公益属性决定了其设立担保物权必须向行政主管部门申请，由主管部门批准后方可在特许经营权上设立担保。

担保的核心是处分权，特许经营权只有在满足特定条件下才拥有可转让性，才能够设立担保物权。采取登记生效模式能够很好契合转让批准这一模式，但如果采取登记对抗模式，意味着担保人和担保物权人达成协议便可在特许经营权上设立担保物权，这等同于特许经营者拥有自行处分特许经营权的权利，明显违背我们对特许经营权的认知并可能产生重大风险。

特许经营权整合担保宜采登记生效主义，只有在经过行政主管部门的批准后才能在担保物权上设立担保物权。行政主管部门可同时作为批准部门和备案部门，简化特许经营权整合担保登记手续，并方便市场主体进行查询，不至于产生登记混乱的风险。

### 4. 转让程序

担保物权的核心是处分权，特许经营权能否转让是特许经营权能否用于担保的重要因素。特许经营者拥有处分的决定权，但为了保护公共利益，不可能将特许经营权的处分权毫无保留地授权给特许经营者，而应当对特许经营权转让施加一定的限制。但即使如此，只要有了转让的可行性，就能逐渐形成特许经营权流转的市场，因特许经营权无法流转而形成的脱法现象以及台下交易也会因流转渠道打开而慢慢消失。

此外，特许经营权流转市场的形成也有利于特许经营权整合担保市场形成，更有利于实现特许经营权融资担保价值。特许经营同时内含着公益与合法利益，应当建立正常运营下的退出机制。引入特许经营是为了更好配置资源，实现公共利益最大化，特许经营权转让时首要考虑因素应当是公共利益是否会因转让行为受到影响。特许经营全过程都要接受公众监督、关注公共公利并倾向公众意见。

特许经营权转让应考虑受让人的主体资格，受让人必须在满足一定的资信要求的前提下才能受让特许经营权，并且原则上只允许资信等于或高于原特许经营者的受让人接手。同时还需要严格把控受让人的资质，比如供水、供热、供气、公共交通行业的资质要求各有不同，受让人应满足资质要求方可成为受让人。

特许经营权关涉公共利益，频繁转让特许经营权不利用公共利益的维护，特许经营者只有在特许经营项目满足特定条件时才能转让特许经营权。例如，只有出现如经营不善、特许经营权被依法拍卖、变卖等特定情况，选择新的特许经营者能够更好维护公共利益时，才允许特许经营权转让。还需要满足特许经营权转让的基本条件，如开发、投资达到特定状态才允许转让，如果未达到特定条件，为了维护公共利益可无偿收回特许经营权，由特许经营者自行承担损失。

特许经营权整合担保实现时意味着特许经营项目已经陷入严重危机，需要通过特许经营权转让来实现特许经营权整合担保，并使特许经营项目获得新生，从而更好地维护公共利益。特许经营权转让过程中应施加的限制措施，具体包括国家也应享有优先回购权；转让或司法拍卖前应取得公共资源主管部门的同意，接受其监督；受让人应当达到原权利人的资质要求，且国有企业在同等条件下应享有优先购买权；应当采取公共招标、拍卖程序确定受让人；权利人背后的股权交易应当受到限制，在占股份过半的股东发生变更时应视同公共资源特许使用权发生转让。

5. 权利实现

在解决特许经营权的私权属性、财产属性和转让程序问题后，特许经营权整合担保的正常实现不存在任何问题，无论其作为抵押财产还是质押财产，折价、拍卖、变卖等程序理论上均不存在障碍。

财产权被无偿收回情形已经在实践中出现，这意味着担保物权人可能因无偿收回行为而无法实现其债权。《中华人民共和国矿产资源法》第40条、第42条、第44条、第45条规定在出现特定情形时，地质矿产主管部门可以给予吊销采矿许可证处罚。国有建设用地使用权和采矿权均属于民法典明文规定的物权，但根据相关法律规定，在特定情形出现时，该财产权可以被无偿收回。

讨论特许经营权被无偿收回后其上设置的担保物权处置问题需要引入财产权相对消灭理论。在财产权负载他物权的权利叠加情形，他物权扣减了财产权的权能，财产权会因适格的消灭事由发生而相对于财产权人消灭，但相对于他物权并不消灭，此即财产权相对消灭理论。目前尚没有对财产权相对消灭理论的系统研究，但其对于财产权被无偿收回情况下他物权的处理具有很好的指导意义。特许经营权作为公私合作协议，会约定出于公共利益需要，在满足特定情况下公权力机关可以无偿收回特许经营权，而无须给予任何补偿或赔偿。特许经营周期较长，如果发生无偿收回特许经营权的情形，如何对待特许经营权上设置的担保物权，将极大影响银行等金融机构对待特许经营权这一担保客体的态度。

有学者认为财产权相对消灭理论适用于无偿收回，这样有助于协调行政权和司法权的关系，实现无偿收回的制度目的。如果行政机关无偿收回特许经营权，由于特许经营权本身还是存在相应的价值，该部分价值在经过合理评估后相对于担保物权人并不消灭，还是要从特许经营权再次授予取得的收入中用于担保物权人优先受偿。特许经营权还存在减值风险。特许经营过程中会遇到各种风险，包括但不限于审批风险、融资风险、建设风险、运营风险、移交风险、政治和政策风险、不可抗力风险等。特许经营协议会根据行政机关和特许经营者对风险的承担能力与控制能力、项目回报机制等要素进行风险负担设计以实现最优风险分配。

风险变为现实时往往意味着特许经营权减值可能性的出现或者事实上导致特许经营权减值，这时候担保财产价值就会受到减损。根据《民法典》的规定，如果特许经营权作为抵押财产，特许经营权人的行为导致风险出现，足以造成抵押财产价值减少或者已经造成抵押财产价值减少的话，抵押权人可以根据法律规定采取保障其抵押权的法律措施。如果特许经营权用于质押的话，只有在特许经营者的行为致使特许经营权出现毁损、灭失风险并足以危害质权人的质权时，质权人才可以请求特许经营者提供相应的担保或者拍卖、变卖特许经营权。此时可能会出现一种特殊情况，即特许经营权整合担保价值减损，但特许经营权人的行为并未违反特许经营协议亦未损害公共利益，但风险出现导致特许经营权价值减损从而损害担保物权人的利益，此时能否对特许经营权作出处置从而实现担保物权？笔者认为答案是否定的。

此时公共利益未受到损害，特许经营者亦不存在违反特许经营协议的行为，不得仅因为担保物权人的利益受到损害就要求处置特许经营权，这种行为可能会对公共利益造成重大损害。特许经营权转让的限制条件不仅对特许经营者有效，也应当约束特许经营权整合担保物权人，从而实现公共利益的维护。当然，前面提到的特许经营权无偿收回和减值风险对特许经营权作为担保财产价值的影响程度无法准确量化。

但根据国有建设用地使用权、矿业权等财产的担保实践来看，这些可能影响担保财产价值的情形并没有影响它们作为担保财产的价值，也没有实质上影响债权人对他们的接受程度。其中一个重要因素就是这些担保财产的市场化程度已经较高，流通性较好，前述提及的风险虽然存在但事实上已经很小，因而没有影响其担保财产价值。特许经营权亦是如此，某些在理论上分析认为会阻碍其作为担保财产的因素，实践上可能并不会存在实质问题。

## 二、金融担保中的质押

质押，指债权人占有由债务人或第三人移交的财产（物或权利），作为债权的担保，在债务人不履行债务时，有权就该财产卖得的价金优先受清偿。设定质权的人，为"出质人"，享有质权的人，为"质权人"，移交的财产为"质物"。质押作为债的一种担保形式，古已有之，并随着社会经济的发展而日渐完善。

### （一）动产质押

动产质押是质押的一种形式，指债务人或第三人（出质人）将其动产交由债权人（质权人）占有，以该动产作为债权的担保。当债务人不履行债务时，债权人有权根据法律规定以处置该动产所获得的价款优先受偿。动产质押是以动产作为担保物的一种担保物权，其中质权是该担保物权的核心内容。

#### 1. 动产质权的设定

动产质权可依法定取得、继承取得和约定取得。祖国大陆和香港、澳门、台湾地区法律法规均以约定取得为质权取得方式，即出质人和质权人约定，出质人将质物移交质权人占有而成立质权。

（1）设立方式。

我国《担保法》第 64 条第 1 款规定，出质人和质权人应当以书面形式订立质押合同。

（2）生效条件。

动产质权的成立，除质权人与出质人间的质权设定合意外，还必须有质物的交付，否则质权不能生效。我国《担保法》第 64 条第 2 款规定，质押合同自质物移交于质权人占有时生效。

如果出质人不向质权人交付质物，则质权的公示作用无从反映，等于是在该动产上设立了抵押权，这对于以后善意取得该物的所有权或质权的第三人利益是有害的，对一般动产交易的安全也是不利的。另外，质押以质物的交付为有效条件，但不言而喻，该质物必须是出质人所合法拥有的，否则，质权的设定是非法的、无效的。即所谓仅由可转让出质财产之人所为之质，方属正当。

**2. 动产质权的效力**

（1）动产质权所担保的范围。

动产质权所担保的范围，基本与抵押权的担保范围相同，一般各国采取法律规定与当事人约定并举的做法。在约定不明的情况下，以法定为准。主债权（原债权）。指所担保的债权原本，应明确质押担保的主债权的种类、数额。

1）利息。对于约定利息，必须符合法律的规定，超出法律许可的标准，则不能得到法律的保护。澳门法律对利息债权还规定了时间上的限制，超出规定时间范围外的利息，除了设定新的质押，否则不能作为动产质押的担保范围。

2）违约金。我国法律对此作了明确规定。台湾地区"民法"虽无规定，但其法院判例是支持当事人关于违约金的主张的。

3）损害赔偿金。我国《担保法》对此作了规定：因债务人未履行合同或不适当的履行合同，给债权人造成损害的，债务人应向债权人支付损害赔偿。

4）实施质权的费用。指质权人为实现质权所需要支出的一切费用，如质物的估价费用、质物的拍卖费用等。

5）因质物隐有瑕疵而生的损害赔偿。出质人移转质权人的质物如隐有瑕疵，造成损害赔偿的，因与质物有直接的因果关系，故虽然不属于原本债务的范围，但一般也将其归入质权担保的范围。例如，质物发生爆炸伤人或伤害质权人的其他财产，或质物为动物因有传染病而传染于质权人的其他动物等。

6）质物保管费用。指质权人在占有质物期间，因保管质物而支出的费用。例如，对质物进行必要维护所需费用，对作为质物的动物进行饲养所支出的费用。此项费用为我国《担保法》明确规定。

一般而言，如果当事人双方另有约定的，则以约定为准。约定的范围可以小于或大于法定的范围。

（2）动产质权效力所及于标的物的范围。

动产质押的标的物，一旦债务人不履行债务，债权人届时就有权处分该物而受偿。因此动产质押的标的物必须具有变价价值，即必须具有让与性。不能让与的动产，例如法律规定禁止流通的动产，就不能成为动产质押的标的物。

动产质押的标的物，一旦债务人履行了债务，债权人届时就须将该物返还给出质人。因此动产质押的标的物须为特定物或特定化之物。

根据民法的一般原理，除非当事人事先约定，质权的效力还及于标的物的从物、添附物。

## （二）权利质押

权利质押是质押的另一种形式，指债务人或第三人以所有权以外的可让与的财产权利为质物而为债权人设立的担保。与以有体物为标的动产质权和抵押权相比，权利质权有其特殊性。在许多方面与动产质权有很大差异，但在一般规定和基本作用上，又和动产质权相同，故又称其为准质权。

### 1. 权利质权的设定

权利质权，由于标的物不同，其设立方式也不相同，大陆和港澳台地区法律法规对此均有不同规定。

（1）债权质权的设定。

以债权作为标的而设定的质押，为债权质押。债权可分为普通债权和证券债权。我国《担保法》规定，可以质押的权利还包括依法可以质押的其他权利，所以如果以后需要扩大可质押的权利范围，可以在其他法律中加以规定。我国《担保法》将普通债权排除在权利质押的范围以外，但允许将证券债权设定质押。所谓证券债权，指债券、汇票、支票、本票、存款单、仓单、提单等有价证券。

（2）股份质权的设定。

股份质押，系指以股东在公司里的股份作为质押标的而设定质权的行为。股份代表股东在公司里的权利与义务，但设质的是财产权。由于公司的股份往往以股票的形式表示，所以以股份设质也往往就是以股票设质。

股票分为记名股票和不记名股票，属于有价证券，所以股票的设质方式与其他有价证券的设质方式基本相同。

不记名股票的设质，同民法上的无记名证券设质的规定，由双方当事人意思表示一致，并将股票交付质权人即告成立。

必须指出的是，我国并未将股票设质分为记名式和不记名式。我国《公司法》仅规定了有限责任公司和股份有限公司两种形式。相应地，也规定了有限责任公司股份的设质和股份有限公司股票的设质。这是我国法律的特别之处。

2. 权利质权的消灭

权利质押，除特别规定外，准用关于动产质押的规定。权利质权的消灭，也应遵循这一原则。简言之，有关动产质权消灭的原因，也基本适用于权利质权，即权利质权可因下述法律事实而告消灭：

（1）被担保的债权（原本债权）消灭。

（2）设质权利的消灭。

（3）质权人返还设质权利于出质人（质权人返还权利证书的占有于出质人）。

（4）质权存续期间届满。

（5）质权的实现。

# 第七章

## 网络金融法律制度

　　网络金融通常是指利用互联网技术及平等、协作、开放、分享的互联网精神提供的金融产品和服务。网络金融利用网络技术降低服务成本，降低信息不对称，提高服务效率和服务覆盖面，使偏远地区居民、中小微企业和低收入人群能获得价格合理和便利的金融服务。经过近几年发展，网络金融在中国成为经济发展的重要潮流。但是近年来，网络金融风险事件接连发生，严重危害了金融管理秩序和社会稳定，公安机关打击处置了一批违法经营金额巨大、涉及面广、社会危害大的网络金融风险案件。于是，网络金融的法律透视及法律风险防范成为当务之急。

# 第一节　网络金融法概述

## 一、网络金融的概念与模式

### （一）　网络金融概念界定

　　"网络金融"这个概念是 2012 年谢平教授在"金融四十人年会"上第一次正式提出的。他认为网络金融是一种全新的金融融资模式，既不能看作间接融资，也不能简单归为直接融资。中国人民银行的观点则是"网络金融是互联网技术与金融的融合，是具有支付、信息中介以及融资功能的一种新型金融模式"。

　　2015 年，网络金融终于有了明确的官方定义，《关于促进互联网金融健康发展的指导意见》（以下简称《指导意见》）明确指出："网络金融是传统金融机构与互联网机构联合以互联网和信息通信技术为支撑，实现资金融通、支付、投资和信息中介服务为一体的新型金融业务模式。"

　　相较于传统金融模式，网络金融在某些方面表现出的优势十分明显。

　　第一，网络金融表现出普惠性和开放性的特征。不同于传统金融机构受到诸多限制，网络金融对消费者的资金要求和准入门槛比较低，服务对象除传统金融机构中重点的大型企业及精英人士等高净值客户外，还能够更加全面地覆盖到中小微企业和普通个人，以前很难参与到金融活动中购买金融产品或者接受金融服务的"长尾人群"通过互联网享受到金融服务。

　　第二，网络金融成本低。传统金融机构需要经营场所、人员配置以及门店运营等成本，而网络金融的所有交易过程都通过网络进行，有效地节省了经营所需要的实体成本。

　　第三，网络金融效率高。区块链、大数据、云计算等科技的运用，让网络金融参与者突破时间和空间的限制共享信息，在一定程度上降低了传统金融中的信息不对称，并且还能够确保网络金融双方都能够更加高效地利用资源，进一步提高了融资效率。

综上所述，普惠性、开放性、低成本以及高效率的优势使网络金融消费者群体越来越庞大，如果监管部门没有办法确保网络金融中大量消费者的合法权益，必将引起金融市场的混乱，甚至影响到整个社会的和谐稳定。

（二）网络金融的模式

在互联网与金融不断融合的背景下，网络金融新兴业态不断涌现，创新的网络金融产品与服务也飞快地进入消费者的视野，伴随而来的是新型的金融风险不断蔓延至其他领域，而且不同的网络金融模式带来的风险也不尽相同。监管部门为了能够更有针对性地防范各类金融风险，2015年颁布的《指导意见》中提及了网络金融的七种模式，并进一步制定了对应各个模式的监管机构，分别是：由中国人民银行负责监管的互联网支付；证监会监管下的股权众筹融资、互联网基金销售；由银保监会（原银监会与银保监会）进行监管的网络借贷、互联网保险、互联网信托业务以及互联网消费金融业务。

就在一年后，国务院发布文件《推进普惠金融发展规划（2016—2020年）》，与之前《指导意见》对网络金融业态的划定又有明显的区别。该文件中只表明鼓励发展互联网支付、网络借贷、股权众筹融资以及网络金融产品销售四种网络金融业态。其实不难发现，《指导意见》中互联网支付、股权众筹融资以及网络借贷都可以看作企业在互联网平台上开发的新型金融活动，而互联网保险、互联网基金销售、互联网信托业务以及互联网消费金融业务则是传统的金融机构运用信息技术将原有的金融业务创新改造，并在互联网平台出售经过改造的产品和服务，也可被统称为网络金融产品销售。网络金融迅猛发展的进程中，新的业态顺应消费者需求不断涌现，而以往的业态也在逐渐变化，使整个网络金融行业规模呈放射状增长的同时，也蕴藏着巨大的风险，各个业态中消费者权益受损事件都是频频发生。

## 二、网络金融的理论基础

### (一) 金融压抑与自由化理论

金融压抑理论是美国著名经济学家麦金农首次提出的，他认为在不完善的市场机制下，政府对金融过度管理抑制了储蓄和投资之间的转化，导致资源配置效率低下，进而损害了整个国家经济的发展。经济停滞又会破坏金融体系的建设，这就造成了金融压抑与经济衰退的恶性循环。发展中国家由于市场机制没有得到充分发挥，经常发生金融压抑现象，主要表现为政府通过利率管制和人为地高估本国汇率提升本国币值、对金融机构监管过于严格以及实行选择性信贷配给制度等。这些措施会导致部分以低收入阶层以及中小微企业为代表的弱势群体的金融需求受到压制。要想改变金融压抑与经济衰退的恶性循环，必须要打破原有的金融管制，并且实行金融自由化改革，而网络金融的出现完美地解决了金融压抑的问题，让之前处于长尾末端的弱势群体也能够参与金融活动，让金融能够普惠到更多的消费者。

我国网络金融破竹式发展的背景下，也在一定程度上反映出我国消费者不满足于金融压抑的现状，并且十分向往金融自由化的环境。基于此，我国对于网络金融的监管既要避免过度管制导致金融压抑，又要预防过度自由化引起金融市场秩序失控以及侵犯消费者的权益。我国的网络金融一定会朝着自由化的方向发展，牢牢把握控制网络金融创新与监管之间的平衡将始终是面临的重要挑战。

### (二) 长尾理论

美国学者克里斯·安德森在 2004 年首次提出了区别于传统"二八定律"的长尾理论。"二八定律"认为，20% 的优质客户贡献了企业 80% 的利润，而其余的 80% 非重点客户对企业效益的贡献度仅仅只有 20%，处在"长尾"位置的大量客户仅能创造出很小的价值。与"二八定律"相反，长尾理论则提出应该更多开发新客户，企业的工作重心转向 80% 的零散客户群，量变引起质变最终才能实现最大的经济效益。长尾理论强调提高对小客户、小市场的重视，尽可能地满足八成小客户群体的小规模的需求，聚少成多形成大客户、大市场，渐渐演变成令人惊叹的长尾市场。传统金融领域中，不论是银行吸收存款还是其他金融活动中，通常是将客户按照其具有的资产数量划分等级，并且为更具财富的高净值客户专门定制金融产品、提供更加舒适的服务，大多数情况下忽略了数量更多的普通金融消费者，他们没有较多的资产积累，金融消费需求不够旺盛，但是却构成了金融服务中的"长尾"部分。网络金融低成本和普惠性的特征，使之前处于长尾处的大量普通客户也能够接触到优质的金融产品和服务，在一定程度上填补了传统金融领域的空白。实践中，处于长尾末端的网络金融消费者受制于信息不对称以及专业知识匮乏等原因在网络金融交易的过程中常处于弱势地位，因此这些网络金融消费者的权益必须加强保护监管。

（三）双峰监管理论

英国著名经济学家泰勒在 1995 年首次提出了双峰监管理论，该理论认为金融监管应有两个并行的目标：一个是保证金融系统稳健运行的审慎监管；另一个是以消费者权益保护为主的行为监管目标。消费者保护第一次被提高到与金融稳定的监管目标一样重要的位置，事实上，这两个监管目标是相辅相成的，全方位的审慎监管能够保护金融机构的稳定健康地运转，避免因金融机构倒闭造成金融消费者权益受到损害。与此同时，针对金融机构行为的监管可以限制金融市场中的违规行为，增强消费者对金融市场的信心，进一步稳定整个金融体系。

互联网混业经营的特征在很大程度上验证了双峰监管理论的可行性。在以往的分业经营分业监管的背景下，网络金融平台利用各种手段来掩盖其金融利用的本质，利用监管制度政策上的漏洞逃避监管。而双峰监管理论中的金融消费者保护则在一定程度上弥补了以前分业监管下的监管空白，即便网络金融机构通过层层考验，使其产品和服务逃离了审慎监管的范围，但是还需要对其是否存在会损害金融消费者权益的经营行为做进一步的判断，这种双重监管能够有效地避免处于弱势地位的金融消费者遭受损失。随着网络金融发展中金融与科技的不断融合，对其进行全方位监管才能够保证金融市场的生机与活力，这就需要宏观审慎监管与金融消费者保护并驾齐驱，因此，双峰监管理论可以支撑网络金融监管制度的发展完善。

### 三、网络金融的法律风险

（一）网络金融风险

网络金融可以简单解释为互联网状态下金融行业发展的结果。

闫真宇（2019）在研究中指出，网络金融是一个十分特殊的业态，业务运行难以把控，存在着诸多不确定性，业务办理中不确定因素较多，损失发生的可能性较大，同时，网络金融虚拟性高，传播快，使金融风险放大。

何虹（2020）在对网络金融风险进行研究中指出，当前，这一行业的风险成因有很多，涵盖法律、政策、技术、业务管理及金融领域中的违法犯罪问题等多个层面，重点在于政府金融监管体制机制不完善，对网络金融的监管不到位等。要让网络金融业稳步运营，健全法律体系、做好资金安全保障至关重要。

目前，关于网络金融风险的界定尚未明确，也没有准确完整的定义。在网络金融风险的研究方面，对参与主体与交易对象的探讨涉及较多，对政府监管方面相对不足。本书对网络金融风险的界定如下：它是指因网络金融机构参与对象因管理失策，经营主体违法或其他不可抗力因素影响，其中一方到期难以偿付应结款项，给互联网参与主体带来损失的可能性。

（二）网络金融风险监管的理论基础

1. 信息不对称理论

美国经济学家乔治·阿克尔洛夫、迈克尔·斯宾塞、约瑟夫·斯蒂格利茨三人在20世纪70年代最早提出了信息不对称理论。信息取得各方对信息占有与理解并不一致，主要与双方掌握的信息渠道有很大关系，直接掌握信息资源的一方更有利。这一理论指出，由于市场分工存在差异，经济活动的各方在信息掌握与理解上并不相同；掌握的信息多，对信息领悟更透彻，在市场上就更有优势，获利更多；与此相反，则处于不利的一面，由于信息渠道少，对信息理解不到位，做出的判断有可能出现失误，既得利益难以得到保障。逆向选择系由交易前掌握信息不足所致；道德风险受个人因素影响较大，包括主观因素与客户原因两个方面，引起信用无法保持，从交易双方来看，道德风险较为广泛，影响也极不深远，道德风险存在于各类金融关系之中。道德风险的存在，会对金融资源配置产生很大影响，从而导致金融行业的运营效率大大降低，由此引发系列金融风险的产生。

2. 风险管理理论

美国学者威廉姆斯和汉斯在《风险管理与保险》中定义了风险管理的内涵。研究认为，所谓风险管理就是用最好的手段、最低成本对风险进行识别、评估与控制，合理控制好风险范围，把损失降到最小化的一个管理方法。

风险管理理论是为做好风险管理与控制所采用的各种理论体系的统称。具体来说，即风险管理单位通过专业的方法与管理手段管理风险，并监控风险从而对风险做出合理有效识别、判断、评估和决策，进行风险处理的系列专业理论。此理论分析了风险发生的规律，风险防控法等，期望运用最小成本取得最佳控制目标，使风险引发的亏损降至最低，尽量关注不利因素的影响。这一理论体系涉及 7 个环节，分别为风险确认、度量、评估、技术选择、决策管理、方案实施和绩效评估。

第一，风险辨识。对风险进行辨识就要对风险所处在内外环境进行分析，清楚风险类型及相关参数，设定预期目标，合理划分风险区间。国际上主要采用定性和定量两种方法，做好风险等级设定，做好风险表的制作。

第二，风险评估。在确定了风险区间后，就要实施风险评估。进一步将风险具体化、系统化，找出风险中的关键点。

第三，决策风险。由于社会经济变化加快，政府面临的问题更加复杂，这对决策的正确性有着极大影响，决策中面临的风险因素较多。任何一个方面考虑不周，就有可能导致决策失误，引发系列风险。对于政府来说，影响决策的风险因素更多，同时，十分棘手，它还与政治因素有着很大的关联性。

第四，应对风险。做好风险应是要为将风险带来的后果降到最低，而采取系列对应措施，做好风险止损。如采用风险替换、隔离或延迟等方式，将风险引发的危害尽可能降低。

政府风险管理有一套系列化的管理流程，它包括信息整理、计划拟定、措施选择，以及做好统筹调节与梳理，对易发风险进行系统处理等系列过程，有一套完整的措施管理体系。

### 3. 政府规制理论

20 世纪 70 年代，政府规制理论由美国经济学界最早提出。

此后，日本学者金泽良雄在研究中认为，政府规制也就是政府制定的规章与制度的总称，它的作用和意义是为了在市场机制失控时，政府通过采取一系列应对措施对市场经济行为加以限制。

余晖在研究中表明了个人观点，指出规制是政府的法规与制度，是政府部门职能履行的依据，也是市场主体应当遵行的准则，它的目的是当市场失灵之时，政府通过宏观调控，参与市场管理，调控市场主体中难以保证公正性时，由政府出面进行调控。

叶俊荣在研究中指出，政府规制应用应考虑三个因素：

第一，法律因素，各符合哪项法律、适用哪一条款，选择要准，判断要精确，事实与引用的条文相符。

第二，流程程序因素，部门间是否关系协调，以及其程度如何，要有准确判断。

第三，整体因素，综合上述两条进行全面把控，分析政府规制实施的原因。

国内学者认为行政管理要务实，要重视解决问题。

在现实的社会生活当中，我国及其他国家对特殊行业进行规制应用，已成为政府的一种常态化行为。按性质划分，规制有社会与经济两个层面规制之分。从社会层面看，其目的有如下三点：保护人民生命安全、保护公共安全、做好环境保护等方面，规制从政策角度对经济活动进行制约，从外部进行规范。从经济层面看，其目的体现在两个方面：一是价格管理；二是门槛限制等，通过标准设定，对市场主体的经济行为进行管控。网络金融中的风险涉及的种类多、范围广，发生的环境较为特殊，并不简单，因此，对于政府部门来说，应当对网络金融非常重视，要强化监管，为推动行业健康有序发展提供坚强保障。

### （三）网络金融风险分析

#### 1. 网络金融体现的一般性风险

在网络环境下，对网络金融有着较高风险影响的因素有很多，涉及多个方面，如信用、市场、操作及流动性等方面的风险都对网络金融有着很大的影响。在传统金融环境下，这些风险就早已不同程度地存在着。但与传统金融业对比，网络金融的业务开展模式有着较大区别，它们在渠道建设上及对渠道的发展上并不完全相同，而是存在较大差异，网络金融更高效、更便捷，具有普惠性，同时，通过网络支持跨越了时空界限，因此，网络金融面临的风险在危害性与表现方式上都有着其特殊性。

（1）信用风险。

信用风险在传统金融业务中就已存在，体现非常直接，在互联网模式下，信用风险在金融服务中反映更直接，它以违约形式将风险直接展示出来，在金融交易中，因一方违约会给另一方带来利益上的损失。网络金融因存在信息不对称问题，导致信息风险与道德风险并存。按信用风险主体来分类，可将信用风险按融资者和金融平台两大类进行划分。

1）融资者信用风险。在互联网模式下，受网络技术影响，金融业务开展虚拟性较高，金融业务通过网络平台运行，交易双方的业务沟通通过线上系统衔接，这给交易各方带来极大便捷性，然而也存在着极高的信用风险，主要体现在融资者因信用问题出现骗贷现象。当前，我国的征信体系虽已建立，但还不够完备。与国外相比，我国的网络金融信用评级借用了国外模式，但缺少与我国相适应的评级系统，平台公司对资金需求方的信用审查主要通过个人提供方式获取，采取大数据匹配方式进行核对，对融资者的商务信息资料开展风险评估，确认其信用等级，这一方式缺少规范化的评估标准，反映的客户信息也不全面，因此，面临的信用风险较高。

2）金融平台的信用风险。在互联网大环境下，金融平台企业的信用风险管理也存在一定的问题，主要与互联网的虚拟性有较大关联，金融机构往往利用平台企业在行业发展中没有良好的信用，从而开展诈骗业务，引诱欺骗投资对象，获取不正当的收益。此外，因经营不善平台企业倒闭的情况也有很多，不负责的平台企业因各种原因卷款潜逃，导致客户利益受损，影响行业发展。

（2）市场风险。

市场风险主要来自市场影响，因市场环境发生变化而出现了商品价格波动，资产出现增值或减值，主要表现为减值给客户预期带来的变化，不能让客户获取预期收益，实际收益过低的风险。在网络环境下，网络金融风险的产生，往往涉及多种市场因素，利率与汇率的影响是引起风险的最大原因。

1）利率风险。这一风险产生主要是因为利率市场出现变化造成的不确定性，给客户及市场各方造成重大损失的可能性。如市场利率出现了上调，网络金融产品如未相关调高，就会出现利差，客户在同期的收益就会受到影响，出现低于市场的收益发生，因未与市场利率对接，相应地给客户造成"损失"；或给予客户的收益率比同期市场利率低，投资者承受的风险高，而获得的回报少，投资损失极为明显；如在利率下调时，借款人提前还贷使供给方的收益持续无法保障，易发市场风险。

2）汇率风险。这一风险的产生与汇率有关，汇率变化受国际国内因素影响很大，具有很大的不确定性，从而给投资者造成损失。网络金融打破了地域边界，可以超出国内范围，将业务向国际市场拓展，提供国际金融服务，因此，相关经营业务会受国际市场汇率波动，给投资人收益带来不确定性，出现收益增加或减少，发生汇率风险。

（3）操作风险。

网络金融的业务操作更简便，运营成本较低，由此，网络金融发展极为迅速，从实际发展状况看，金融平台公司数量快速增加，规模逐步增长，一大批从业人员进入了这一行，交易量大增，与传统金融企业相比，网络金融公司通过金融平台提供的金融产品与金融服务类别更多，使金融服务覆盖率进一步扩大，这在助推金融性向普惠性方向发展之时，面临的潜在操作风险极高，由于网络金融业务主要借助网络平台运行，操作失误发生的概率较高，与柜面操作相比，面临的风险更多，也更频繁。它主要是因为内控不力、人为误操作或外部因素影响等，给相关金融服务对象带来了损失。它表现为平台内部、客户及第三方风险三个方面。

（4）流动性风险。

在网络环境下，网络的快捷与虚拟特性，给网络金融平台可乘之机，投资者和普通群众不清楚平台公司的资金状况，平台公司因流动性不足有可能引发系列风险。与传统金融企业相比，网络金融平台在资金方面存在较大差距，平台公司出于收益最大化的需要，要尽量取得较多的资金来源，并快速将之投放出去，为了吸引客户投资，给出更高的资金利差，为了将资金借出去，获取更多的收益，往往留存的支付备用金较少，一旦某个借款对象无法按期偿付借款本息，或者投资人提前提取资金时，平台公司因备用金少而发生资金周转不力，有可能发生支付困难，出现流动性风险。

2. 网络金融体现的特殊性风险

一般而言，特殊性风险是指按风险诱发因素差异进行划分的，它涉及法律风险与技术风险层面。

（1）法律风险。

众所周知，法律风险是由法律因素而引起的、有可能给利益相关各方带来损失的可能性。目前，国内网络金融业呈现快速发展态势，然而，在管理实践中，缺乏健全的网络金融法律体系，缺少相关配套设施，网络金融业务经营中面临诸多不足，如法律监管未到位，监管不力对行业发展带来很大影响，易发系列风险。通过较长一段时间的发展，我国的传统金融监管体系相对较为成熟，监管制度也较为完善，现行的监管模式对传统金融业的监管也较为全面。但是，在网络金融飞速发展的环境下，它对传统的金融行业及金融业务形态产生了很大的改变，网络金融经营范围更广，监管中存在诸多问题，监管难度大，由于法规不全，导致政府部门对网络金融的监管存在诸多薄弱环节。目前的金融法规政策主要是基于传统金融背景而制定的，部分法规虽然适应了网络化环境下的金融业务运营的需要，而与网络金融有着较大差距，规制的针对性差、约束力不强。这给部分网络金融公司带来发展业务的良机，但不少公司并未严格遵守诚信准则，而是钻法规漏洞进行投机钻营，谋取不当得利，对网络金融发展产生负面影响，导致法律风险不断发生。

综上所述，网络金融业要规范发展，必须加快金融法制建设，强化监管措施，为网络金融业良性发展提供法规制度保障，这是网络金融监管面临的一项重要课题。网络金融并非一个单纯的技术领域，它与多领域有着广泛联系，如网络技术、金融管理与安全等，都对网络金融影响很大。为此，网络金融法规建设更复杂，立法难度大大增加。

（2）技术风险。

网络金融以网络信息技术为依托，相关业务开展通过计算机等终端设备线上进行，因此，资金融通与风险管控难度很大。此外，由于受互联网信息技术自身环境影响，在系统运行过程中存在不确定性、不稳定性，还存在着技术方面的问题，技术保障是金融业务运行的重要基础，对互联网业务来说更为关键，由于技术风险的存在对网络金融业务带来极大影响。技术风险包含的范围十分广泛，因技术方案缺陷或选择的技术不当，不能为业务运营提供强力支撑，导致业务运营风险加大。按技术风险阶段划分，主要表现为技术选择、安全运行、技术支持等方面的风险问题。

1）技术选择风险。与传统金融相比，网络金融业务的开展对网络信息技术的依赖度更高，需要强力技术做支撑，保证平台业务稳健运行。然而，从目前情况看，现行的网络系统技术并不能保持业务运行百分之百的安全，选择的技术与开发水平会受到多方面限制，技术跟不上开发的速度。因此，选择的技术因素问题很可能会导致风险发生。技术风险涉及的范围较多，如软硬件配置、数据安全与备份，以及加密技术应用等，都会产生很大影响。金融业务运转需要软件功能强大，同时，要保证硬件与软件相匹配，能够为网络金融业务开展提供全方位支持，随着业务扩展，对技术要求不断提高，因此，需要软件系统不断优化升级、迭代更新，并做好新系统的开发应用，满足客户、产品与交易等管理的需要，金融平台处理能力也要不断提高。

在互联网运行环境下，网络黑客与网络病毒对互联网平台的运行也带来极大威胁，对金融业安全带来极大危害，需要系统加速升级，提供全方位安全保护。此外，数据库管理、数据加密及备份等技术对网络金融也至关重要，平台公司要做好客户管理，保证交易精准运行，就要有良好的技术保护，做好技术风险安全防范。

2）安全运行风险。在业务运行过程中，因技术故障、病毒攻击或黑客入侵等，业务不能正常办事，支持系统难以有效发挥作用。如果平台业务无法正常运转，将会对公司造成很大影响。对技术运行有着影响的安全因素有如下三个方面：

一是系统软硬件安全。当前，金融业务运行离不开功能强大的金融业务系统，它由软件系统与硬件系统两部分构成，在业务运行中发挥着不同作用，软硬件配置科学合理有利于平台高效运行和性能稳定，有利于系统性风险的防范。

二是黑客入侵。在网络环境下，黑客的存在对网络平台威胁较大，对网络金融平台稳定运行产生很大影响，其安全性受到极大挑战。部分黑客针对平台技术漏洞对金融平台入侵，窃取网络金融平台的机密数据，使平台的安全受到威胁，并影响着平台运营活动。

三是病毒侵袭。如今，各种网络病毒通过多种方式在互联网中传播，对金融平台的安全造成很大影响，如病毒入侵金融平台，引发的后果会极为严重，平台数据资源安全受到影响，平台业务运营有可能无法正常开展，让公司与客户利益受损。

3）技术支持风险。在网络金融发展带动下，相关产业也得到了快速发展，网络金融因自身业务不断拓展，对网络技术要求更高，为网络科技发展带来了新的契机。同时，金融网络技术要求较高，维护成本也不低，部分网络金融公司受技术限制，无法自建技术系统，要由第三方公司提供专业技术服务，将技术业务外包，处理技术问题，支持平台公司业务拓展。此法虽能够帮助网络金融公司快速拓展业务，不必考虑技术问题，然而，其存在缺点是技术需求难以满足，技术问题并未从根本上解决，外包技术难以给平台发展提供充分保障。

（四）我国政府监管网络金融的现状

1. 监管的制度实施

我国网络金融监管制度，是在政府部门对网络金融业监管过程中，不断摸索形成的，缺乏较强的系统性。针对政府监管的内容，文中罗列了部分制度文件。

2006 年的《电子银行业务管理办法》对银行的电子业务流程加以规范，提出了具体要求，金融机构业务开展适用报告制或审批制，按业务性质不同采用相应的管理机制，加强内控风险管理。

2010 年的《非金融机构支付服务管理办法》明确了《支付业务许可证》相关内容，由中国人民履行监管的职责，并明确了监管内容。

2014 年的《私募股权众筹融资管理办法》明确规定了私募股权众筹融资的相关内容，必须遵循相应的融资原则，并纳入监管范围，应当接受监管机构的监管。

2015 年的《关于促进互联网金融健康发展的指导意见》（以下简称《指导意见》）中，明确界定了"网络金融"，指明了网络金融监管方向。详细划分了业务界限，对准入限制提出了相关条件，对监管职责进行了规范。2015 年的《互联网保险业务监管暂行办法》对互联网保险行业的要求与领域范围作了明确规定，保险机构必须加强信息披露，采用相应办法让公众明白披露内容，同时，确立了监督规则，相关业务监管工作由银保监会实施。

2019 年的《中国人民银行职能配置、内设机构和人员编制规定》中明确，金融市场司被确定为网络金融管理的专属部门。

2020 年的《商业银行互联网贷款管理暂行办法》对互联网贷款和助贷业务作出相应规定，明确关于贷款模式、产品披露、风险防控等方面的要求。

这些文件的出台在不同程度上都对我国网络金融行业的发展进行了规范，不难看出，这些文件的出台都具有时代特性，与当时的社会背景密不可分，同网络金融发展水平有很大的关系，促进了这一行业快速发展。然而，随着经济不断发展，上述文件存在着很大局限，相关文件的层次较低，如采用办法、意见、通知等形式出现，没有上升到法律层面，网络金融缺乏法律保障，对实践操作难以产生强制性的约束，同时，对违法行为的监管过于宽松，存在处罚不力的问题，不能全面加以规范，要由其他监管机构配合实施，效果才会更好。

2. 监管主体

2018 年 3 月，第十三届全国人民代表大会第一次会议表决通过了关于国务院机构改革方案的决定，设立中国银行保险监督管理委员会。2023 年 3 月，中共中央、国务院印发了《党和国家机构改革方案》。在中国银行保险监督管理委员会基础上组建国家金融监督管理总局，不再保留中国银行保险监督管理委员会。5 月 18 日，国家金融监督管理总局正式揭牌。这意味着，银保监会正式退出历史舞台。至此，中国金融监管体系从"一行两会"迈入"一行一总局一会"新格局。

3. 监管方式

2019 年，根据中国人民银行内设机构及职能配置规定，建立并形成了我国网络金融的双线监管新格局。一条线是人民银行与银保监会这一主线，共同承担着全国范围内的金融机构和银行保险业务的全面监督管理；另一条线则是通过地方金融机构开展对区域范围内的相关金融业务的监管，由地方的人民银行、银监局与监管局等分支机构为主线的管理体系，有效提高了地方金融风险的预防、处置和管理水平。

（1）关于互联网支付监管。目前，互联网支付工具有很多种，它以移动终端和网络为依托，通过转账方式进行支付活动。互联网支付监管主体系人民银行，法律依据较多，如票据法、银行法、反洗钱法、商业银行法以及系列规范文件，据此对第三方平台及平台功能公司进行的监督。

在互联网支付监管方面，监管模式有着很大区别，采用了创新型方式。方法如下：一是支付业务许可制度。非金融机构开办网络支付业务时，必须要有一定的交易资质，并取得《支付业务许可证》。二是备付金限制，企业必须先在商业银行机构存入相应比例的备付金，不得擅自挪用。监管互联网支付的方式具体表现为准入门槛较为严格，限制条件较多。在准入条件上，表现为许可证制度和最低资本金制度。对信息方面，要求相关公司必须严格加强信息保护，遵守保密协定。切实保障客户权益，支付机构不得擅自挪用客户资产，应当客户及时发布风险提示。

（2）对股权众筹融资的监管。股权众筹是指运用互联网渠道向公众融资，证监会作为监管主体，以公司法、证券法等为监管依据。企业开展股权众筹活动要满足我国法律法规的相关要求，同时也要纳入政府的监管体系中，企业开展业务时必须做好相关信息披露工作，对经营成果及财务信息等要及时公开。股权发售要按照规定条件，符合相应的标准，经证监会同意批准，并受到证监会的严格监管。对众筹平台的监管，主要是对其信息披露监管，是否进行了对风险提示等，对客户教育开展情况及资金托管等进行监督。以"水滴筹"平台为例，该平台一度是影响范围最广的爱心众筹平台，通过微博、微信等渠道筹集患病者救治资金。但是，由于审核资料不严格、资金使用不公开等一系列问题，导致以舆论博取同情的地下圈钱行为也经常发生。

（五）网络金融风险政府监管存在问题的原因分析

1. 存在法律空白

网络金融作为全新金融模式，其优势在于将网络技术在金融实践中得以有效应用，它使金融服务与金融业务发生了极大变化，交易活动看似无形，然而却真实存在，并发生在人们身边。它给人们的工作生活带来极大便利，人们无须在交易上花费太多工夫。然而，其弊端也明显存在，主要表现为问题发生时，取证难度大，从而让监管部门查处工作量大增。从目前法律上看，相关规定并无实质内容，法规不健全让监管出现很大漏洞。从现行法规体系进行分析可知，政府监督主要是为传统金融风险量身定制的，而在网络金融监管中的适用性法律并未专门定制，监管依据主要从民法、刑法中提取，执行口径难统一。

在具体实施中，《指导意见》等只是为工作和实施提供参考，规范监管部门如何执行、执行到如何程度，但是缺少相关的法律支撑，没有执法保障，从而导致实际执行效力大打折扣。由于法律体系不健全，虽然政府部门和人们明白问题的症结，晓得处理方法，然而，因法律依据不足，导致执行难度增加，因此，制定完善的网络金融监管法律法规势在必行。

**2. 网络金融风险政府监管成本上升**

从网络金融发展实践看，其快速发展的原因在于适应了市场发展的需要，与社会需求密不可分。客户在网络金融中可以取得更高回报，给人们带来更多的便利，因而得到了快速推进。然而，从政府监管层面看，受体制机制影响，监管部门缺少创新意识，不能适应市场要求，导致监管模式僵化，监管受到极大挑战。从网络金融的特性上看，面临的风险多，涉及面广，具有很高的传染性。因此，做好互联金融业风险防范至关重要，这就需要政府的监管全面到位，才能降低风险发生的概率。从金融业务的角度看，金融风险极易重合、叠加，如果风险呈现快速扩张态势，其危害性更大，影响更加深远，政府监管承受压力巨大。

当前，监管部门虽然将网络金融业纳入了监管范围，然而，由于监管机构众多，监督职能分散，监管部门间协作配合不够，存在各自为政问题，对于非监督职责范围内的事项，有的监督部门并未重视，也没有进行相互通报，从而造成有监督无管理，名义上在管理，实质上未履行监督之责，对于存在的风险没有从整体上进行防控，导致监管失效。由于没有抓住问题实质，监管成本不断增加，监管资源却存在着极大浪费，风险仍然无法防控。

**3. 网络金融风险监管主体职责边界不明**

从政府职能分工看，目的是划清职能界限，更好地履行金融监管，保证监管的专业性。在对《指导意见》相关条款进行分析中发现，文中明确规定了分业监管原则，这有利于政府对网络金融业有针对性地进行检查监督。从现在的情况看，网络金融发展源于金融业与互联网的深度融合，然而随着金融业的创新不断加大，它对传统金融模式也带来极大变革，在此背景下，监管部门却没有转变监管观念，仍然沿用传统的监管模式，没有根据市场变化进行监管创新，对诸多金融业务无法定性，因此，面对新金融业态时，监管部门应当变革传统模式，并在监督主体上进行分工协作。在网络金融业风险监管方面，诸多部门都有职责，然而，并未厘清监管的风险重点，没有确定谁为第一监管责任主体，因而，监管主体虽多，但是真正能够将监管主体责任落到实处的极少，监管检查看似频繁，却没有明确监管重点，在监管风险出现问题时，监管部门责任意识缺乏，从而导致监管力度不大。

4. 监管手段落后

对于当前我国的网络金融业来说，快速发展源于网络技术的不断进步，以及经济社会的快速发展，并反过来对经济社会发展也起到了有力的促进作用，促使网络技术不断创新。网络金融也呈现多元化发展趋势，然而，我国监管部门现有监管手段、监管技术以及监管方法与网络金融风险管理还存在很大差距，监管方式落后，监管体系未成型，监管中存在很大漏洞。如今，大数据、云计算等在金融业中应用面不断拓展，促了网络金融业向纵深方向跨越式发展，但是监管部门在技术与手段上没有改进，缺乏创新，监管落后，人才短缺，监督管理效率低，需要切实解决。

（六）加快建立健全网络金融法律体系

1. 构建网络金融风险的政府监管的原则

要保证网络金融及整个金融业态稳健运转，需要系统环境保持良好状态，政府监管必须遵循如下原则：

（1）公平一致。这一原则要求对金融机构的监管要实行统一的标准和规范，对监管对象要一视同仁，标准一致，没有例外。监管机构应当保证执行标准的统一性，对于金融业中的同类业务，按统一规定实施，规矩一致才能保证运行有序。

（2）激励创新。在给网络金融发展创造一个宽松和稳定的环境，推进金融业发展多元化，就不能因循守旧，需要具有开拓精神，实现创新式发展，要在新产品开发、新服务模式上下功夫，提供更多更优质的金融服务。金融业务符合监管要求，没有超出界限，无违法操作行为，就应大力支持，鼓励金融创新。

（3）底线思维。从目前情况看，必须给网络金融制定一个政策底线，按行业规制运行，金融底线是要切实维护客户利益，维护市场秩序的公平性，在法律许可之内拓展业务。

### 2. 加强法律法规制度框架的总体设计

我国现在实施的法律体系是基于传统金融环境下的监管模式，与对网络金融的监管存在比较大的差异，传统的金融监管体系覆盖面较为狭窄，对网络金融风险的防范和控制能力明显不足，不利于金融市场的长期稳定性，甚至会引起金融"海啸"。为此，政府部门需要从完善法律体系入手，对网络金融业开展运营行为全面的规范，将网络金融纳入到监管笼子中，严格依法依规执行，为网络金融市场规范运营提供保障。政府应当设计好法规体系框架，制定一套完善的法规体系，从立法角度保障网络金融业规范、稳健地运行。

结合我国国情，应当由人民银行牵头，其他监管部门分工协作，与人民银行一道构建完善的监管体系。监管部门应当做好实地调研，熟悉网络金融业运行实际状况，保证制定的监管措施更有针对性，相关条款更有约束力，法规政策出台才能实现全覆盖，执法效果才能更有实效，为网络金融业平稳发展提供法律保证。

### 3. 加快网络金融行业立法进程

在网络金融法律体系不断优化、完善的基础上，要做好相关法律配套体系的修订工作，使网络金融行业的立法体系更加完整。

一是做好法律条文增补工作，结合市场发展状况，对原有法律条文加以增补，完善监管细节，使金融监管更加具体化，更好地为网络金融业发展提供法制保障。

二是定制专门网络金融法，在对网络金融市场形势分析的基础上，对我国经济运行趋势进行总体防控，逐步构建完善的网络金融法规体系，对与之相关的信用建设、客户资金安全、客户权益保护等，都要纳入立法程序。

三是严格规范监管执法，加大对网络金融违法犯罪行为的惩处和打击力度，一经发现，从严查处，确保网络金融业的存在和发展都能有一个良好的法治环境。

# 第二节　网络监管法律制度

随着网络金融的不断发展，也涌现出不少问题，为了保证行业的健康稳定发展就需要对其进行科学合理的监管，网络金融法律监管制度的建设是促进网络金融健康发展必不可少的一部分内容。网络金融是新兴行业且具有极强的创新能力，对其进行监管要保证监管制度自身的前沿性。目前，网络金融法律监管方面仍然存在很多不足，这也是该行业急需解决的一个重要问题。

## 一、网络金融监管的必要性

### （一）网络金融中，个体行为可能非理性

在非理想状态下，参与市场活动的市场主体可以采取一些非理性行为。例如，在 P2P 网络借贷模式下，投资者购买的实际上是针对借款者个人的信用贷款。即使 P2P 平台有能力对借款者信用风险进行准确评估，也有能力进行投资分散，不可否认的是个人信用贷款仍然存在较高的风险，一些投资者可能并不能对投资失败带来的个人影响具有充分认识。

### （二）个体理性，不意味着集体理性

个体的理性只代表其个体行为，而不能代表整个集体的行为具有理性。例如，在以余额宝为代表的"第三方支付+货币市场基金"合作产品中，投资者通过投资购买的为货币市场基金份额。投资者可以将其资金随时赎回，但是货币市场基金的头寸通常都会有比较长的期限，或者需要通过折扣的方式才能在二级市场上卖出。可以看出，这就存在期限错配和流动性转换问题。如果货币市场出现了较大幅度的波动，从个体行为来看，投资者想合理地控制自身面临的风险而赎回资金的行为属于完

全理性行为；但是从集体角度来看，大规模赎回资金就可能造成货币市场基金遭遇挤兑，也就说明该行为是非理性的，而这就是所谓的个体理性不代表集体理性。

（三）市场纪律不一定能控制有害的风险承担行为

在我国的金融市场中，存在大量针对投资风险的各种隐性或显性担保，如隐性的存款保险、银行对柜台销售的理财产品的隐性承诺等，而人们对这种现象已经逐渐习惯，默认了"刚性兑付"的常态，这就导致风险定价机制出现了一定程度上的失效。

（四）难以通过市场出清的方式解决问题

当网络金融机构达到了一定资金规模，或者其业务涉及了大量用户，当发生问题时就很难通过市场出清的方式解决问题。当出现问题的网络金融机构还涉及支付清算等基础业务，机构的破产还可能对金融系统的基础设施造成一定损害，从而形成系统性风险。例如，支付宝和余额宝涉及的用户数量以及业务规模十分庞大，一旦其出现问题，就很可能引起整个金融系统的动荡。

**二、现行网络金融法律监管制度基础**

对网络金融的监管包括网络金融的域名注册监管、网络金融的金融服务程式和真实性监管、网络金融的记录交易稽核监管、网络金融的系统安全与责任分摊监管、网络金融的金融犯罪监管和网络金融的前瞻性立法监管等。

金融监管当局主要对网络金融机构经营的各类虚拟金融服务的价格进行一定监管。政府对网络金融机构的监管，一方面是对网络金融机构的监管，也就是对这些机构经营的网络金融服务进行监管；另一方面是对网络金融行业进行监管，也就是针对网络金融机构对国家金融安全和其他管理领域形成的影响进行监管。

（一）企业级的监管内容

在实际监管中，政府对网络金融机构的监管并不体现在对网络金融机构提供的虚拟金融服务价格方面的监管，而是体现在几个具有全局性的网络金融问题方面，包括加密技术及制度、电子签名技术及制度、公共钥匙基础设施（PKI）、税收中立制度、标准化、保护消费者权益以及隐私及知识产权保护。

金融监管当局对网络金融机构从事业务的监管包括以下三个方面：

第一，对网络金融机构具有的安全性能进行监管，包括对公共钥匙基础设施（PKI）、加密技术及制度和电子签名技术及制度的监管等。

第二，向企业和各级相关政府部门提供电子商务和网络金融的国内以及国际标准化框架，为其提供标准化的税收中立制度。监管网络金融的标准化水平，以此为基础促进全国各金融企业之间电子信息的互联互通的实现。对网络金融的网络交易实行税收中立政策，免征网络交易税，积极促进民族电子商务的发展。

第三，对网络金融消费者的合法权益进行监管。通过合理监管防止网络金融机构利用自身的隐蔽行动优势向其消费者推销各种不合格的服务或者那些风险过高的金融产品，防止消费者的合法利益遭受损害。保护消费者的隐私权及维护知识产权在网络中不会受到侵犯，同时也对开展网上交易活动的消费者权益进行广泛保护。同时为了实现其保护目标，监管部门有必要向网络金融机构以及消费者权益保护组织提供保护网上交易消费者的非强制性商业指导规则。

此外，金融监管当局将网络金融机构的网上广告作为其监管的主要内容之一，以此保护消费者不会因为一些虚假或过于夸大的广告所蒙蔽和欺骗。

（二）行业级的监管内容

第一，科学评估网络金融机构的金融风险和金融安全问题，以及其可能对国家经济安全造成的影响，并对其进行严格监管。也就是评估网络金融机构风险可能对国家金融造成的风险以及其影响程度，确定金融监管当局对网络金融机构各种虚拟金融服务品种的监管内容。

第二，对网络金融机构系统风险的监管。对可能产生系统风险的各类环境及技术条件进行科学监管，尤其强调对系统安全性的监管。

第三，对网络金融的一些违法行为进行监管，如非法避税、洗钱等行为。对于网络金融监管当局来说，保证绝对安全是一个十分重要的课题，因为不论是对于互联网还是网络金融机构，都存在一定安全问题。但是，政府管制又涉及避税和洗钱等问题。

由于以上这些因素，政府监管部门坚持反对私人采用牢固的电子加密方式保护网站的安全。但是政府监管当局又不能为那些合法网站提供具有高安全性的有效加密技术援助。

第四，网络金融再造金融监管新理念。网络金融既为银行业带来了挑战，也为其带来了机遇。对当前形势没有充足认识、行动力不强的银行，在越发激烈的市场竞争中将会面临越来越艰难的局面，因为平台建设的后发劣势日益难以扭转。但还有一些银行成功把握了网络金融趋势，对于它们来说其接触客户的渠道能力将显著增强，大数据技术为其信用风险管理等业务能力带来了持续有效地提高，这些优势为银行带来了进一步挖掘小微信贷、消费信贷这些蓝海业务创造了更多机会。随着网络金融的发展，其对银行业的影响也会更加深远，这样的环境进一步加深了银行业内的优胜劣汰竞争机制，而这种机制的运行有利于行业的市场化。

为了迎合这种大趋势，很多银行做出了反应，如华夏银行现金增利货币基金在百度金融中心理财平台正式上线。起初是传统金融机构在互联网上进行一定延伸，随后便是P2P、众筹模式的兴起，之后又开展了阿里巴巴、百度等互联网企业与会金融业的主动融合寻求共同发展，我国网络金融呈现出蓬勃发展态势，而这也对传统金融监管理念提出了更高的要求。

近年来，我国网络金融业高速发展，电子银行、手机银行、互联网支付等各类网络金融业务都得到了迅速发展。P2P和众筹等新兴业务也取得了一定成果，但同时也存在一定问题。为拓展互联网金融业务，一些商业银行充分利用大数据时代的信息处理成本优势，发展网络贷款业务，推进网络金融商城建设。

虽然互联网技术为人们提供了更为方便快捷的服务，但是其也使得金融风险传播的速度与范围更难控制，这也要求传统金融监管理念必须适应时代潮流进行革新。在传统金融模式下，机构监管是审慎监管的基础;在网络金融模式下,金融机构的中介作用有一定淡化,对金融消费权益的保护成为监管的重要基础。在互联网上开展金融业务,导致金融消费者的个人信息以及商业机密更容易被泄露并传递。排除网络金融的影响,传统金融业也已经出现了一定混业经营的发展趋势。而网络金融的产生和发展加快了金融业内的融合,并且导致非金融业与金融业之间的界限也越发模糊,传统的分业监管体制不再符合当前的监管要求,无法充分发挥其监管作用。在这种模式下,基于功能监管的大金融监管将逐渐成为监管的主流。

网上交易实现了无纸化,并且可以不留痕迹地对交易记录进行修改,业务数据的瞬时波动非常大,所以单纯依靠传统的查询书面凭证、业务数据监测的监管方式已经不适用这种模式,这类传统监管方式已经失去了效力。在传统金融模式下,还有一定方法可以预测和处理系统性、区域性金融风险,但是在网络金融模式下却很难对这类风险进行预警,因为表面上与金融无关的病毒、网上诈骗,均有可能蔓延并转化为系统性金融风险。此外,网络金融跨国交易也更为隐蔽、快捷,监管当局很难对其进行全面控制,全球金融危机突然爆发的可能性大增。

随着网络金融跨越式的发展,极大地增加了金融风险监管的难度。金融监管当局一方面需要结合实际参照传统监管标准,对网络金融实施一般性风险监管;另一方面需要结合网络金融业务的实际模式与特点,针对网络技术与安全加强监管,保证网络金融的交易过程具有安全性,保证与网络业务相关的数据可靠。虽然一些国家先于我国发展起了网络金融,但对于该行业的监管都没有建立起十分完善的监管制度。根据各国的研究情况来看,监管的主要对象是金融消费者的合法权益,以及对个人信息及隐私的保护,同时也对网络金融涉及的安全技术提出了更高要求。以美国为代表的网络金融监管,重点放在补充新法律,力求将原有监管规则改造为适用于网络电子环境的新规则。欧洲监管当局的监管不同于美国,这些国家更注重提供一个清晰、透明的法律环境,坚持适度审慎和金融消费权益保护。

网络金融是一个新兴行业,在其发展道路上不可能一帆风顺,发展的过程中面临波折是不可避免的。网购的模式也是先在国外流行的,起初在我国发展遇到了"水土不服"的情况,但是在经过不停地磨合与发展后,网购已经成为我国最为普遍的一种购物模式,同时还造就了淘宝、京东等行业龙头企业。因此,监管部门应该有效加强网络金融业务的调查研究，合理借鉴国外相对成熟的经验，通过借鉴与结合实际探索适用于我国的网络金融监管制度，允许监管规则为了更好发挥作用进行适当突破，目的是促进网络金融更好地发展。

# 第三节 电子支付法律制度

## 一、电子支付的概念

电子支付的定义分为狭义层面和广义层面。美国《统一商法典》中关于电子支付的定义即狭义层面的定义，该商法典指出，电子支付是支付命令发送方将存放于商业银行的资金，通过传输线路划入收益方开户银行，以支付收益方的一系列过程。可以看出，狭义层面的电子支付定义主要指电子资金划拨业务。

从广义层面来讲，电子支付不仅包括电子资金划拨，而且包括网上银行所开展的各种新型电子货币业务，如电子现金、电子钱包、电子信用卡等。随着电子支付行业的不断发展，电子支付的概念范围也在不断拓宽。电子支付实质上是以数字化信息替代货币的存储与流通，从而完成交易的支付。它是网络技术、信息技术及通信技术综合运用的产物，将伴随着科学技术的发展和银行业务的拓宽而发展。

## 二、电子支付方式的特点

早期支付方式主要集中在现金和信用卡上，并提出信用卡效应。后续研究又进一步涉及其他非现金支付方式，如购物券、"先付后买"的借记卡、礼品卡等。近几年来，随着通信技术及移动互联网的发展，智能手机逐渐普及，中国人进行消费的支付方式已经发生巨大变化。电子支付以其高效性、便捷性逐渐取代传统的现金支付，成为中国人日常生活中的最主要支付方式。在中国，支付宝、微信等电子支付方式，由于与智能手机绑定，消费者可以通过手机应用进行支付，智能手机完全可以作为一个"钱包"使用。人们已经习惯无现金生活，这种现象在年轻群体中更为明显。那么，探究由于技术和网络更新而出现的新型支付方式是否会影响消费行为，以及如何影响消费行为及其背后的影响机制是具有现实和理论意义的。无论是对消费者、商家还是对政策制定者来说，了解和预测个体的消费行为，都是十分有利的。

在我国使用比较多的电子支付方式是移动支付，具有广义和狭义的定义。广义的移动支付方式是指在无线和其他通信技术等基础设施的应用下，用户通过智能手机或其他移动设备对商品、服务、账单进行支付的过程；狭义的移动支付则仅指用户通过移动支付工具如手机上的各类支付软件来实现支付。形式可以是扫描商家的二维码，输入相应的金额后，输入密码进行支付，也可以是商家去扫描顾客的条形码，进行免密支付。

目前，关于支付形式的研究，很少考虑电子支付。而作为一种新兴的支付方式，电子支付无论是从支付耦合性，记忆明显性（数量上和形态上），以及支付的透明性来说，既不同于现金支付，也不同于信用卡支付（见表7-1）。Falk等（2016）发现相比于现金和信用卡支付，电子支付在支付形式明显性、支付数额明显性、支付透明度上均很低。据此可以推测，电子支付对消费者行为的影响也应不同于现金支付和信用卡支付。

表7-1 三种支付方式的主要区别

| 支付方式 | 付款和交易是否契合 | 形态的显著性特征 | 数量的显著性特征 | 支付的透明度分析 |
|---|---|---|---|---|
| 先进 | 是 | 非常高的显著性 | 非常高的显著性 | 高透明度 |
| 信用卡 | 否 | 中等显著性 | 中等显著性 | 低透明度 |
| 电子支付 | 是 & 否 | 非常低的显著性 | 非常低的显著性 | 非常低的透明度 |

注：因为电子支付如支付宝存在余额支付和花呗支付，所以付款交易存在两种情况，如果是余额支付则付款和交易耦合，如果是花呗支付则付款和交易不耦合。

### 三、电子支付的法律责任

电子支付的法律责任指的是网上银行支付结算法律关系中，由于一方当事人的过错或者法律规定而应承担的民事责任。

（一）法律责任的判定

法律责任的判断指的是法律以何种标准来判定当事人是否应该承担法律责任。在电子支付的法律关系中，应该以过错推定责任原则为主，部分适用无过错责任原则。

1. 网上支付与结算中的过错推定责任原则

过错推定责任原则，即从违约或损害事实中推定致害一方的当事人在主观上有过错。如果致害一方的当事人认为自己没有过错，则自己承担举证责任，证明自己无过错。证明成立则免责，证明不足或不能证明的则应承担相应的民事责任。

2. 在网上支付与结算中实行推定过错责任原则的理由

首先，这是由于网上支付与结算所固有的特点决定的。支付结算中的各个环节都涉及管理软件、大型服务器和网络等先进技术，每个当事人采用的硬件设备和管理软件都有可能不同，其内部运行结构和数据可能部分涉及商业秘密，如果要求受害人去证明加害人的过错是十分困难的。

其次，网上支付与结算属于发展中的科学技术，所涉当事人或多或少面临未知的风险，如果简单地适用无过错责任原则，在证明对方过错十分困难的情况下，被告将可能承担全部责任，这对技术进步与创新显然是不利的。对于起步阶段的中国网上支付与结算来讲，这一点尤为重要。

（二）法律责任的内容

网上银行支付结算中的法律责任主要是违约责任，另外还包括支付合同不成立或其他侵权情况引起的民事责任。

1. 实际违约责任

在网上支付与结算中，网上银行可能同时扮演指令人和接收银行的角色，其基本义务是资金划拨。

作为指令人，一旦发送错误的指令，银行应向付款人赔付，但如果能查出是哪个环节的过错，则由过错方予以赔付。

作为接收银行基于他与指令人的合同，要求他妥当地接收所划拨来的资金，如有延误或失误，则应承担实际违约责任。实际违约责任是合同责任的基本形式，是债务人不履行或不适当履行合同义务所承担的民事责任。承担此种网上支付与结算中的违约责任，应以违约方订立合同时预见或者应当预见到的损失为限。

2. 公平责任

当事人对造成的损失，都没有过错的，可以根据实际情况，由当事人分担民事责任，此即所谓公平责任原则。

适用公平责任原则，大体上可分为两种情况：一是网上支付与结算合同存在，但对于支付结算失误或失败而引起的损失却无法查清是谁的过错引起的；二是指未经授权的支付，即由于欺诈或其他原因，基于非资金所有人的指令进行支付。为保障网络安全，虽使用了数字签名及密码技术，但如有人非法侵入他人网络系统（如伪造卡号及密码），冒领或盗领他人款项时，其损失应由谁承担？

网上银行支付结算过程中发生入侵、伪造、假冒或盗领等第三方侵权而导致当事人损失的情况下，法律责任的最终指向是实施加害行为的第三方。但对于无法查清过错方或在找到侵权的第三人之前，所造成的损失则应适用公平责任原则。

【案例分析】

2014 年以打假出名的冯志波与天猫商城对簿公堂。但是，天猫商城不认可广州市海珠区人民法院具有管辖权，之所以天猫不同意，是因为冯先生同意了协议中的约定，即如果有纠纷发生，第一审管辖法院是被告住所地人民法院。于是，应该把案件移送至杭州市余杭区人民法院审理。

根据《淘宝服务协议》，确实有相关内容："一旦产生争议，您与淘宝平台的经营者均同意以被告住所地人民法院为第一审管辖法院。"点击同意《淘宝服务协议》是所有需要注册天猫、淘宝用户的一个必要条件，不点击同意将无法注册成功，必须点击"同意"的还有《支付宝服务协议》。《支付宝服务协议》中也有与之相似的霸王条款。淘宝天猫的买家们一直都感到委屈：这样的条款可以成为不合理的霸王条款，买家无论是谁，身处何地，一旦发生争议，诉至法庭，都要在天猫的地盘上说理。原告冯志波说，大多数情况下用户之所以放弃起诉，是因为考虑到路程、时间、费用等因素，最终不了了之。有相关的数据作为依据：因不满天猫服务而提起的诉讼的案件，每年多达数百起，而99.5%的案件判决的是天猫不需要负任何责任。

分析：在上述的案件中，天猫商城首先已经默认了用户选定同意，即使在用户不同意也不行。而且，在《淘宝用户协议》里，被上诉人也没有通过醒目的方式让对方注意到该争议解决条款的存在。本案中所述霸王条款主要在大量烦琐信息里面，导致被上诉人无法清楚地看到该霸王条款的具体内容。因此，不能认定上诉人已经尽了提示说明义务。

相对于消费者来说，这个协议条款是有失公平、有失合理的，其加重了消费者在维权方面的负担。之所以消费者的诉讼权利无法正常实现，是因为对广大消费者来说，网上所购买的商品往往价格不高，如果单单得到商品价格的补偿，远远无法支付起消费者到天猫所属地法院进行诉讼所带来的不合理的差旅和时间花费。

依据《中华人民共和国合同法》《中华人民共和国消费者权益保护法》有关条例显示，广州中院驳回天猫的上诉，该管辖权归原审法院所拥有。

# 参考文献

［1］陈云良．金融法［M］．厦门：厦门大学出版社，2012．

［2］刘次邦，郑曙光．金融法［M］．北京：人民法院出版社，2004．

［3］强力．金融法［M］．北京：法律出版社，2004．

［4］祁群，杨忠孝．金融法［M］．上海：复旦大学出版社，2000．

［5］王卫国．金融法学家第9辑［M］．北京：中国政法大学出版社，2018．

［6］谷慎．金融法教程［M］．西安：西安交通大学出版社，2020．

［7］王卫国．金融法学家第8辑［M］．北京：中国政法大学出版社，2017．

［8］王卫国．金融法学家第7辑［M］．北京：中国政法大学出版社，2016．

［9］王卫国．金融法学家第6辑［M］．北京：中国政法大学出版社，2015．

［10］王卫国．金融法学家第5辑［M］．北京：中国政法大学出版社，2014．

［11］袁达松．金融法双语版［M］．北京：对外经济贸易大学出版社，2012．

［12］李蕊，杨璐．金融法案例评析［M］．北京：对外经济贸易大学出版社，2011．

［13］高祥．金融法热点问题研究［M］．北京：中国政法大学出版社，2015．

［14］常健，张晓婷，王斐民．金融法教程［M］．北京：对外经济贸易大学出版社，2007．

［15］王利军，郝平，李彦军，席逢遥．金融法专题研究［M］．石

家庄：河北人民出版社，2005.

　　［16］吕琰，林安民．金融法基本原理与实务［M］．上海：复旦大学出版社，2010.

　　［17］巫文勇．新金融法律制度学［M］．上海：复旦大学出版社，2021.

　　［18］朱晓娟．中国金融法律制度［M］．北京：中国民主法制出版社，2019.

　　［19］吴金旺，靖研．互联网金融法律法规［M］．北京：中国金融出版社，2018.

　　［20］张炳辉．金融法律法规［M］．北京：中国金融出版社，2018.

　　［21］王宇，黎莉，刘芙，张敬春．证券法律制度研究［M］．沈阳：东北大学出版社，2003.

　　［22］陈晓华，唐岫立．互联网金融法律与实务［M］．北京：中国金融出版社，2017.

　　［23］王梓，李臻，邵燕，肖忆雪．中国民间金融的法律监管和规范发展［M］．成都：四川大学出版社，2019.

　　［24］范知智．金融发展权视角下农村金融法律制度研究［M］．沈阳：沈阳出版社，2020.

　　［25］林江，王亚男，陆春玮．2014航运金融法律评论［M］．上海：上海浦江教育出版社，2017.

　　［26］李文婷，彭礼，陈滏．证券市场基本法律法规［M］．北京：国家行政学院出版社，2019.

　　［27］证券业从业人员资格考试研究中心．证券市场基本法律法规［M］．北京：中国发展出版社，2017.

　　［28］郭宏彬．中国保险法律制度［M］．北京：中国民主法制出版社，2019.

　　［29］贝政明．保险法律纵横谈［M］．上海：上海社会科学院出版社，2010.

　　［30］王苏野．民间金融法律制度研究［M］．北京：光明日报出版社，2017.

　　［31］中国互联网金融协会．互联网金融法律制度汇编与案例精选［M］．北京：中国金融出版社，2018.

　　［32］李兆良．保险法律的理论与实践［M］．大连：大连海事大学

出版社，2006.

　　［33］李传轩．生态文明视野下绿色金融法律制度研究［M］．北京：知识产权出版社，2019.

　　［34］魏敬淼．民间金融法律治理研究［M］．北京：中国政法大学出版社，2016.

　　［35］王乐兵．担保法专论［M］．北京：对外经济贸易大学出版社，2018.

　　［36］［澳］克里斯托弗·瓦伊尼，彼得·菲利普斯．金融机构、金融工具与金融市场（第8版）［M］．北京：中国金融出版社，2020.

　　［37］刘巍巍．我国民间金融法律问题研究［M］．北京：中国铁道出版社，2017.

　　［38］［德］马丁·迪尔，等．金融基础设施经济学分析［M］．中央国债登记结算有限责任公司，译．北京：中国金融出版社，2019.

　　［39］吴金旺，靖研．互联网金融法律法规［M］．北京：中国金融出版社，2018.

　　［40］蔡海宁．互联网金融原理与法律实务［M］．上海：上海交通大学出版社，2015.

　　［41］邢会强，等．互联网金融风险防范法律问题研究［M］．北京：中国金融出版社，2018.

　　［42］邢琳．基于金融发展权的视角看农村合作金融法律制度［M］．长春：东北师范大学出版社，2017.

　　［43］邓瑞平．涉外法律实务系列涉外金融法律实务［M］．厦门：厦门大学出版社，2017.

　　［44］杨天翔，薛誉华，刘亮．网络金融（第2版）［M］．上海：复旦大学出版社，2015.

　　［45］林江．航运金融法律概论［M］．上海：复旦大学出版社，2012.

　　［46］青岛英谷教育科技股份有限公司，吉林农业科技学院．互联网金融概论［M］．西安：西安电子科技大学出版社，2018.

　　［47］吕晓永．互联网金融［M］．北京：中国铁道出版社，2018.

　　［48］岳意定，吴庆田．网络金融学［M］．南京：东南大学出版社，2005.

　　［49］孙国华，冯玉军．银行法律基础知识［M］．北京：中国金融

出版社，2004.

［50］吕志祥，陶清德．银行法律制度研究［M］．兰州：甘肃文化出版社，2006.

［51］黎四奇．我国银行法律制度改革与完善研究［M］．武汉：武汉大学出版社，2013.

［52］王建波，等．中国银行法与银行法律实务［M］．北京：华夏出版社，2002.

［53］江合宁．农村金融法律实务［M］．兰州：甘肃文化出版社，2010.

［54］李昌道．外滩金融法律论坛集萃［M］．北京：中国金融出版社，2014.

［55］林江，［澳］Murray P，王亚男．2013航运金融法律评论［M］．上海：上海浦江教育有限公司，2014.

［56］徐强胜．金融法律法规政策解读［M］．郑州：河南科学技术出版社，2013.